大展好書 好書大展

超經營新智慧 2

甦醒的小龍 菲律賓

矢野成壽/著
林 雅 倩/譯

大展出版社有限公司

大展好書 好書大展

前言

菲律賓長達三世紀半都是西班牙的殖民地，在東南亞諸國當中是最早接受西歐文明洗禮的國家。

殖民地時代，西班牙以菲律賓為轉運站，用墨西哥生產的銀購買中國及日本的陶瓷器等產物，在西歐銷售，得到莫大的利益。

世界一周的航路則是以西班牙為起點，到達墨西哥大西洋側貝拉．克魯斯的海路，然後再由那兒經由陸路連接到太平洋側的亞卡普爾克為止，從亞卡普爾克到馬尼拉再次以海路連接。像日本伊達藩的支倉常長就是利用這一條路遠渡羅馬。

現在國內有很多來自菲律賓的勞工，形成多數菲律賓在國內的就業問題，但是在本世紀初期日本的勞工也曾經到菲律賓去賺錢，從事碧瑤的道路建設或民答那峨島的馬尼拉麻的栽培工作，總數與目前在日本的菲律賓相匹敵，但是知道這件事情的日本人很少。當時，菲律賓在歐美等國人的眼中看來是比日本先進的國家。事實上，在馬可仕政權的第一期為止，菲律賓還是東南亞諸國的領導者，甚至被提名為繼日本之後的奧運舉辦國。

馬可仕曾經被喻為是「東方的甘迺迪」，但是菲律賓為什麼會在東南亞諸國中步入後塵，希望本書能夠幫助各位瞭解其中的原因。

國人認為菲律賓是『治安不好的國家』。其象徵就是年輕王子事件。

但是，年輕王子的事件卻被日本的大眾傳播媒體渲染，做出了歪曲事實的報導。事實上，有些報社認為如果記者不傳回一些有趣、誇張的報導的話，根本沒有可看性，所以這一方面菲律賓成為日本報導陣營的犧牲者。

在菲律賓有日本人捲入的殺人事件，其背後與不好的日本人有關的例子非常多。對各位讀者而言可能是難以置信的說法，但是作者對菲律賓有將近三十年的瞭解，除了叛亂事件以外，待在那兒並不危險，而且也沒有什麼爭執的事件發生。

在此充滿勞動慾望、活潑的七千萬名菲律賓人，等待國內企業的雇用機會。也許對日本而言，菲律賓是東南亞中殘存的最後聖地了。最近美國最大型的航空貨運公司聯邦快遞公司，對於昔日美國海軍基地蘇比克，設置對亞洲的大型轉運基地深感興趣，我想在二十一世紀，菲律賓將再度成為東南亞的領導者。

本書本來預計在三年前出版，但是因為作者的關係而延後了出版的時間。對於在這段期間耐心等待的東洋經濟新報社的藤井真人出版局次長衷心表示謝意，同時編輯記者小峰壽朗、親泊寬信、德茂貞雄不斷給與建議，忍耐作者任性的三年，在此表達我的感謝之意。

最後，對於洛培斯兄弟撥出忙碌的時間，配合作者蒐集資料，在此

目録

序章　被遺忘的日菲關係

獨立志士與日本

日本和菲律賓的關係，可以遠溯到呂宋助左衛門活躍的安土桃山時代。而且，根據最近的研究，繩文人的DNA與現代菲律賓人的DNA排列酷似。不過，由於德川幕府的鎖國政策，因此與菲律賓的交流到明治時代時就斷絕了。

在明治時代，尤其是一九〇〇年前後的菲律賓，是與西班牙和美國展開獨立戰爭的時期，獨立運動的志士們，對於同樣是屬於亞洲國家的日本有所期待。

菲律賓獨立運動的英雄賀塞．里沙爾，年輕時，在逃亡的時候曾經和日本的女性發生一段戀情。當時，獨立運動的志士們希望在日俄戰爭中獲勝的日本，能夠幫助菲律賓人脫離西班牙的殖民地統治，幫助菲律賓的解放。

在這些志士當中，有一位叫做里卡爾提的將軍，他是反西班牙的鬥士，以前曾經因為反美，而在一九〇〇年被美軍逮捕。但是，他拒絕對美國效忠，因此被流放到關島。

三年後允許歸國，他又因爲拒絕表示忠誠而被流放到香港。一九〇三年末時偷偷返國，結果被逮捕，一直被關在單身牢房中達六年之久。

一九一〇年被釋放，仍然拒絕效忠美國而被流放到香港。在香港也因爲從事反美運動而受到監視，逃到日本。後來到一九四一年末，以日軍佔領馬尼拉爲契機，回到了闊別三十一年的祖國。

在佔領菲律賓的日軍斡旋之下，組成「愛國同志會」。總裁就是十二年前在馬尼拉機場被暗殺的艾奎諾參議院議員的父親貝尼格諾・艾奎諾一世。當時在財政界有很多親日的菲律賓人，其中之一就是在日軍佔領時擔任總統寶座的賀賽・拉雷爾的兒子拉雷爾三世（前駐日大使日菲友好協會及日菲友好基金會的創設者），他中止了到美國留學的行程，而到日本的士官學校就讀。

自由記者若宮清從艾奎諾參議員的母親那兒聽說，艾奎諾的祖父因爲被懷疑幫助亞吉納爾德將軍的叛亂，而被逮捕下獄。父親在戰後被道格拉斯・麥克阿瑟將軍視爲是對日協助者，而逮捕下獄。而艾奎諾參議員本身也被美國政府的傀儡馬可仕逮捕下獄。所以，美國對艾奎諾一家人而言，是不共戴天的仇人。

他們只是爲了菲律賓的獨立而利用日本，並不是日本的走狗。但是，美國方面卻認爲他們與美國具有對立的關係。戰後麥克阿瑟爲了懲罰這些對日協助者，逮捕了多人下獄。後來因爲數目太多了，甚至沒有辦法召開議會，結果只好赦免了艾奎諾、拉雷爾等重量級人物。因爲如果不這麼做的話，菲律賓無法發揮國家機能。

其他的會員中有人害怕抗日游擊隊的報復，而與敗退的日本軍展現行動，因此，被認爲是叛逆者，逮捕下獄。

里卡爾提將軍因爲不對美國國旗表示忠誠，因此只好逃亡到日本。他決定「在美國還沒有離開菲律賓之前，絕不踏上祖國的土地一步」。結果，雖然他被日本軍當局利用，但是死後還好菲律賓政府恢復了他的名譽。賀賽・拉雷爾大使就任時，由大使提議在橫濱的山下公園建立了紀念碑。

日本的ＮＧＯ（非政府組織）不但討論從軍慰安婦的問題，同時也努力希望幫助日本軍而遭到處刑的人能夠復權，這也是一種人道行爲。

因麥克阿瑟而相連的菲律賓與日本

繼菲律賓的征服者雷加斯皮之後，對菲律賓造成影響的外國人就是麥克阿瑟父子。麥克阿瑟父子如果不來菲律賓的話，恐怕他們就沒有辦法在後世流名。因爲偶然的機會，麥克阿瑟父子都與日本結緣，而兒子道格拉斯也可以說是建立今日日本基礎的人。

父親亞瑟參加美西戰爭，戰後奉派擔任菲律賓的軍事總督，但是他與美國的菲律賓行政官，後來成爲美國總統的威廉·塔夫脫不合，最後被卸任降職爲駐日美國大使館武官。

兒子道格拉斯雖然不是在菲律賓出生的，但是他一生中曾經四次到這個國家任職。尤其他從陸軍士官學校畢業之後，最初的任地就是菲律賓，以及在那兒與後來成爲菲律賓總統的，年輕時的洛哈蘇的相遇，決定了日後的將軍與菲律賓的命運。

麥克阿瑟家族從好的一面說，可以說他們具有反抗精神、意氣風發，因此父子都和美國總統不合。父親亞瑟在塔夫脫就任總統以後，過去的政治工作成爲致命傷。而兒子道格拉斯和杜魯門總統的關係也非常的有名。道格拉斯在菲律賓的副官是年輕時候的艾森豪總統，不過，與他的關係似乎也不好。歷任的兩位總統都有在菲律賓服務的經驗，所以，菲律賓可以說是美國在亞洲最重要的據點。

兒子道格拉斯在第四次的就任時退役，接受當時菲律賓總統凱森的邀請，擔任菲律賓國軍的元帥。一方面是美國陸軍少將，而另外一方面又從凱森那兒得到年薪三萬三千美元，暫時成爲菲律賓特權階級所養的狗。

後來日軍侵略菲律賓時，他又重新地拾回了地位、名聲及光榮。如果沒有美日戰爭的話，也許他在菲律賓就會過著平凡的退休生活。

事實上，將軍在菲律賓最高級飯店馬尼拉飯店進行投資，也是菲律賓國家擁有最大金礦的班凱特・馬寧格公司的大股東之一。這個礦山公司後來爲馬可仕總統所有，成爲後述的山下金塊的舞臺之一。據說將軍在職中，曾經請求美國政府對於此礦山進行資金的融資。基於這個事實，受到日軍壓迫而離開菲律賓的將軍，在澳大利亞曾說：

「我一定會回來。」

這是非常著名的一句話。不過，還有人說事實上他後來又說了一句話：

「我爲了取回菲律賓的特權階級及自己資產而回來。」

將軍在日本及菲律賓做的是完全相反的事情。新人民軍的前身夫克巴拉哈普——通稱「夫克團體」，原本與共產主義沒有任何關係，是以農地改革爲目的的團體。在美國的斡旋之下，爲了達到其目的而成爲抗日游擊隊。戰後卻被反對農地改革的特權階級烙印爲共產主義者受到鎭壓。而這個「夫克團體」的根據地，就是艾奎諾家塔爾拉克州的附近，鎭壓他們的特權階級當中，也包括艾奎諾總統的親人在內。

據說現在阻礙菲律賓發展的第一要因，就是「菲律賓的曖昧」。當然，在以往這被視爲是菲律賓的美德，而助長這種情形發生的，就是將軍在戰後對於菲律賓的友人表現出優柔寡斷的作風。最嚴重的問題，就是對於對日協助者必須要加以處置的洛哈蘇並未加以問罪，積極協助他當選總統。

另外一方面，將軍在菲律賓無法實現的事情，在日本卻實現他的願望。在菲律賓沒有辦法進行的農地改革，卻在日本實行。雖然不能廢止天皇制，但是使其機能無力化，使共產黨非合法化，不喜歡的人物隨時都可以從公職中將他趕走。

每當想到戰後日本人最初學會的英文單字之一，就是「purge」（流放）這個字的時候，就能夠令人再認識將軍所具有的權力。現在日本人也許無法想像，在當時外國的大使、公使不是由天皇提出信任狀，而是由將軍提出的。

對菲律賓的特權階級而言是守護神，對日本而言好像大魔王似的道格拉斯・麥克阿瑟將軍。但是，他的行爲結果卻促使日本日後的經濟發展與政治的穩定，在菲律賓反而卻成爲使經濟停滯、造成政治紊亂的土壤，在歷史上呈現截然不同的結果，的確是一大諷刺。

第1章　西班牙與美國的統治

——天主教與財閥的淵源——

神父與征服者

菲律賓的最高級飯店馬尼拉飯店旁，有威爾達尼塔神父與征服者雷加斯皮的銅像豎立著。宗教家與武人的組合，在世界上恐怕只有此處才有了，因此非常地珍貴。但是，回顧菲律賓的歷史，我們就能瞭解其中的緣由了。

菲律賓群島最初在世界上展現姿態，是在麥哲倫首次航行世界的途中。發現南美末端的麥哲倫海峽，麥哲倫艦隊在一五二一年三月穿過太平洋到達菲律賓群島的一角。麥哲倫在同年四月二十六日在宿霧島附近的小島介入與原住民之間的爭執中而被殺害。

但是，因爲這個「發現」，而使得派遣麥哲倫到達菲律賓群島的西班牙王卡爾洛斯一世擁有了菲律賓。

充滿征服慾望的卡爾洛斯一世，繼麥哲倫之後陸續派遣遠征隊到東南亞。目的是爲了得到昂貴的香料及擴張領土，但是結果非常悲慘。

於是，國王命令威爾達尼塔神父組織第五次的探險隊。當時神父是知識分子，懂得看海圖，而且是有能力的嚮導。而且神父參加過第二次的探險，曾經在摩鹿加群島渡過十一年，因此，威爾尼塔神父可以說是進行東南亞探險的第一人選。

威爾達尼塔因為探險隊的目的已經改變了，所以就答應了這個要求，並且推薦從西班牙移居到墨西哥的親戚雷加斯皮擔任探險隊的負責人。於是在墨西哥鑄幣局擔任要職的雷加斯皮被任命為隊長，由四百名船員和四艘船隊組成第五次的探險隊。

出發前的一五六四年十一月，雷加斯皮從代理墨西哥總督的最高長官那兒接到了指示信「出發以後到達某個地點才可以開封」，長官交給他信時這麼吩咐他。

於是，他到了墨西哥的瓜達拉哈拉的那比達特港指定地點時拆開了指示信，上面說：

「不是到摩鹿加群島，是去征服菲律賓。」

威爾達尼塔神父覺得自己被國王騙了，感到非常地氣憤。

另外一方面，捨棄要職，連財產全都處理掉當成探險隊的雷加斯皮，發現目的地不是摩鹿加群島，而是要去征服先驅者麥哲倫被殺，後來到第四次探險為止都陸續遭到失敗的未開發之地——幾乎沒有香料的菲律賓。

他面對這些難題，感到非常地失望。但是，又害怕如果拒絕而折返的話，一定會被問罪。於是，兩個人只好心不甘、情不願地開始遠征菲律賓。

雷加斯皮探險隊在翌年六五年四月二十四日到達菲律賓群島的薩摩爾島，在四月二十七日到達目的地宿霧島。他以宿霧島爲基地，開始征服菲律賓群島。

雷加斯皮佔領馬尼拉

當時，菲律賓並不像是一個國家，而是由一堆親族團體佔領一定的地區，宗教則是在呂宋島的馬尼拉灣周邊和南部明達納爾島、蘇魯島的回教，其他地方則是屬於精靈信仰的階段。菲律賓是屬於奴隸制，也就是說酋長們藉著部族間的戰爭擁有其他部族的俘虜當成奴隸，用來進行中國貿易，或者是與回教圈的婆羅州或馬來半島的酋長們進行交易，當成貢品的一部分。

雷加斯皮最初以宿霧島爲基地，想要以武力鎮壓。但是居民的抵抗非常強烈，有時候甚至用焦土戰術來抗戰。因此，糧食的籌措非常困難，在宿霧島沒有辦法讓所有的人都吃飽，於是雷加斯皮率領了一個隊伍移到帕奈島。但是爲了吃飽肚子，一定要征服馬尼拉，於是派孫子沙爾塞德和部下哥奇遠征。

率領著由比沙揚群島徵兵的六百名原住民和一百二十名西班牙士兵到達馬尼拉的沙爾塞德和哥奇等人，與回教徒的酋長索里曼交涉，但是雙方決裂，結果開戰。作戰獲勝後佔領了馬尼拉，但是居民們卻逃到內陸部，還是沒有達到籌措糧食的重要目的，只好雙手空空地回到宿霧島。

結果，雷加斯皮親自率領兩百一十名西班牙士兵和一千名比沙揚軍隊，分成在兩艘西班牙船隻和二十三艘稱爲帕拉歐的當地船隻上，決定遠征馬尼拉。

由於西班牙船隻和當地的船速度差距太大，在中途雷加斯皮要停留好幾次，結果在偶然的機會之下到達了民德洛島。那是屬於婆羅州的蘇丹的管轄下，當地居民會向蘇丹進貢。

「如果雷加斯皮保護你們的話，你們就要向雷加斯皮進貢」。

此外，他還在民德洛海灘捕獲中國船隻，發現中國人與多數當地人爲奴隸，送到婆羅州。於是雷加斯比等人才知道菲律賓並沒有獨立國家，甚至連馬尼拉都是在遙遠的婆羅州宿霧群島的回教徒的統治之下。

注意到這一點的雷加斯皮，始終站在要讓這些人從婆羅州或馬來的首長們的手中解放出來的立場上，藉著解放奴隸，使得各島酋長的權力弱體化。同時，讓各島對立的雷加斯皮方式，也就是「分割統治」的方式，成爲後來統治菲律賓的基本政策。

而各島的對立直到現在，尤其是總統選舉的時候，這種區域性的對立還是非常顯著。

在馬尼拉西方五十公里處的加比提港整理船隊，當雷加斯皮打算進入馬尼拉灣的時候，卻遭到索里曼的報復，他在城鎮點火，然後又撤退到內陸部。

但是，雷加斯皮的目的不是爲了佔據馬尼拉，而是爲了籌措糧食，因此很有耐心地持續和索里曼交涉，終於成功地讓索里曼割讓出帕西格河口的一部分。當時是一五七一年五月十八日，也就是到達宿霧島後六年的事情。

雷加斯皮在第二天十九日，以西班牙國王之名宣布佔領馬尼拉。他在菲律賓的征服工作到此告一段落。但是，翌年八月二十一日在馬尼拉因爲心臟痲痺而猝死。

他的遺產眞的是少得可憐，小小的兩個皮袋中只有現金四百六十披索，還是他在死前幾天借來的，他擁有的只有一百二十披索的金錢，以及從故鄉西班牙帶來的大小兩個金飾而已，全都用來充當喪葬費用了。在他臨終時陪伴在旁的歐爾提加神父，在一五七三年六月二十六日寫給國王的信中這麼說著：

「有人說雷加斯皮是菲律賓總督，應該擁有很多的錢。但是，這些人應該爲自己這種不道德的想法感覺可恥。」

在西班牙現在還留有雷加斯皮送給國王的報告書，其中雷加斯皮說：

「菲律賓人是喜愛和平的人民，菲律賓所需要的不是貪婪的西班牙士兵，而是傳教的神父。」

雷加斯皮與後來的總督不同，他是唯一以德統治菲律賓的最初及最後的總督，只有他擁有殖民地總督的最高頭銜「亞迪蘭塔德」。

就這樣，菲律賓的好時代到此告一段落，揭開了搾取時代的序幕。

滲透的天主教信仰

開始征服的半世紀後，除了呂宋島和比沙揚群島的山岳地帶以外的地區，終於都在西班牙的統治之下。後來，對於南部的回教地區也嘗試幾次的征服，但是卻沒有辦法加以控制。

最初，統治型態是分割征服地的住民，由給與徵稅權和勞役徵收權的士兵及神父們進行監督。但是，監督地區就會變爲私有地化，在十七世紀前半期成爲州、市、村制。市長和村長成爲菲律賓人社會的有力者，官員們由當地選出，不過由西班牙的神父兼祭司監督他們。也就是說，在菲律賓人的社會當中，祭司是最高權力者。結果，就變成了祭司們可以隨心所欲地控制教區住民。

例如，在天主教歷史中有名的免罪符商法，在菲律賓開花結果。如果一般人購買在教會中所製造的便宜東西的話，就欺騙人民說：「保證給與奇蹟或免罪。」結果以高價賣出。同時還說：

「死後如果想要上天堂的話，就必須要貢獻土地。」

一邊說教，一邊要人民捐出土地來，再租給佃農，奪取大部分的收穫，成為教會和修道會的最大收入財源。同時教會、修道會成為菲律賓少數擁有莊園的主人，在十九世紀末擁有兩成弱的農耕地。

當然，菲律賓人對於西班牙祭司的橫徵暴斂深表反感，但是天主教迅速地滲透到菲律賓人的社會中。關於這一點，只要看在十八世紀中葉發生在波賀爾島的達哥霍之亂就可以瞭解了。

領導者達哥霍與附近住民兩萬人發生暴動，雖然血祭祭司，卻不願意捨棄天主教的信仰。他們與官憲對立，躲在山中的八十五年內，在自己所選的祭司的領導之下，進行天主教的儀示和祭典。

儘管祭司腐敗，但是對天主教的信仰已經深植於人心之中。現在菲律賓的天主教徒佔百分之八十四、回教徒百分之五、新教百分之三、基督教教系的新興宗教為百分之六、精靈信仰百分之二，基督教徒佔全國國民的百分之九十三。當然，教會對於國民擁有超越國家權力的影響力。

打倒馬可仕獨裁的艾德沙革命，就是教會集結民衆發揮作用，這是衆所周知的事實。此外，大家可能不知道教會對於年輕王子綁架事件的解決也有幫助。

根據樞機主教對作者說，年輕王子的女兒請求他，而他按照羅馬法王的指示展現行動。首先將馬尼拉分爲四大地區，任命四名司教負責搜索。司教動員負責地區的住民們，仔細地搜察附近的地區，結果找到了年輕王子被囚禁的場所。

根據樞機主教說，關於年輕王子囚禁在馬尼拉某處的地點，與釋放後年輕王子的發言不同，但是更耐人尋味的就是贖金的問題。樞機主教雖然沒有明白地說明金額，但是他斷言道：

「贖金的確交給犯人了。」

聽說是這樣的：「當時司教曾經對犯人說：『樞機主教的命令，不付贖金』，不過因爲日本人是有錢人，而犯人負責年輕王子的衣食六個月，這些費用當然不能由教會拿出來，可是犯人還是可以得到一些『住宿費』，而犯人也答應了。」

聽到這個關於教會權威以及樞機主教人品的傳說，所以讓我感覺到艾德沙革命中，民衆能配合樞機主教的呼應起反抗，是理所當然的事情。

掌握國內商業的中國人

團體的形成除了前述的教會、修道會的團體之外，還有兩種形態。一種就是轉讓出來的國王領地，代表例就是在砂糖價格上揚的十九世紀後半期，英國商會進入尼格洛斯島而開設的甘蔗園，在四十年內形成了四百座以上大規模的甘蔗園。

還有另外一種，則是農民的土地集中在商人和放高利貸者處。

農民除了貢稅和一年四十天的強制勞動以外，還必須遵守一種強制轉賣制度。所謂強制轉賣制度就是住在馬尼拉的西班牙人所需要的物資，農民必須被迫賣給他們，實際上就好像免費徵收一樣。而且並沒有規定一年的轉賣量，所以等於是統治者恣意徵收。此外，在一七八二年還加上讓農民不斷地工作，強制栽培在菲律賓殖民地經營上首次轉換爲順差的出口商品——煙，並設立專賣制度。

在不斷地被收括的農民社會當中，由於商品經濟的滲透，卻使他們的出費增加。有時迫於無奈，必須向附近的商人或高利貸借貸金錢或者是商品，這時就必須拿土地來擔保，利息爲年利率十成以上。

當然，在期限內無法還清債務，負債如滾雪球般越滾越大，最後無法償還，只好將土地交給對方。形成了商人與高利貸的團體。

而商人和高利貸者幾乎都是在馬尼拉建設為首都之後，來到菲律賓的中國人，以及菲律賓女性生下的混血兒。西班牙人並沒有涉足菲律賓國內的商業，因為一年一次將中國所產的絲織品和陶瓷器、工藝品等，用船載到同樣是西班牙的殖民地墨西哥，就能夠賺取莫大的利益。從事轉運貿易就令總督、祭司賺飽了荷包，因此，他們對於國內的商業活動不表關心。

中國人住在馬尼拉經營貿易業和批發業，在鄉下地方開店支配商業。但是進入十九世紀以後，害怕他們的力量的西班牙政府曾實施了三次流放令，使得人口為西班牙人十倍的兩萬名人口銳減，地方商業無法振興。這時只能由中國後裔菲律賓人或少數的土著菲律賓人來塡補空隙。

到了十九世紀的三〇年代中葉以後，西班牙政府轉為歡迎中國移民的政策，五〇年代中國人再次擁有地方商業的統治權。而被排除的中國後裔菲律賓人和菲律賓人就轉為高利貸債主，成為大規模地區的擁有者，讓農民栽培馬尼拉麻和煙、甘蔗等，出口賺取財富。

因此，產生了很多中國後代的財閥。

五大財閥的淵源

斐迪爾·馬可仕就任總統的一九六五年左右，當時菲律賓的經濟由中國後裔洛培斯和科方科，西班牙後裔索里亞諾、阿亞拉以及艾利札爾迪五家獨佔，以這五家爲主，有六十多個家族支配菲律賓。

首先，我們就來看西班牙後裔的三家，以及科方科家的興亡吧！

索里亞諾家和阿亞拉家同根，在五代前分歧。與艾利札爾迪家同樣的，兩代都是從西班牙娶新娘回來，因此混血的程度比較少。

索里亞諾加上一代的安德雷斯·索里亞諾，在太平洋戰爭中擔任麥克阿瑟將軍的副官與日軍作戰，因爲與美國的關係而賺取財富。

除了日本以外，索里亞諾家擁有東方第一啤酒公司、東南亞最大的銅礦山公司、菲律賓唯一的造紙公司。這個造紙公司在艾德沙革命之後歸於政府的管轄之下，後來轉讓由民間經營。礦山公司因爲銅價格下滑，業績低迷。在幾年前崛起的中國後裔菲律賓人購買了啤酒公司，使索里亞諾家經濟動搖。

索里亞諾家在政治上始終保持中立，在這個國家中有很多的財閥是因爲有政治家做後臺而發展出來的。所以，索里亞諾家在這個國家中算是非常稀有。

阿亞拉財閥則是安利凱和海梅・索貝爾堂兄弟共同經營，事實上，是由安利凱執阿亞拉集團的牛耳。

以不動產業爲主體，與日本的三菱商事有密切的關係。數年前在同集團的傘下，菲律賓最大的食品公司，與三井物產合併成立公司，成爲話題。菲律賓企業中最大的半導體製造公司ＩＭＩ公司，也在同集團的傘下。

安利凱在索里亞諾一世死去之後，有意將勢力逐漸衰退的聖麥格公司（索里亞諾家的啤酒公司）納入阿亞拉家族的傘下。但是，阿亞拉一族卻不同意，等到索里亞諾家陷入孤立狀態時，將股票賣給馬可仕總統的盟友，一直對於聖麥格公司抱持野心的但丁・科方科，因此科方科家暫時取得聖麥格公司的經營權。

可是，阿亞拉家對此感到非常地生氣，於是在馬可仕政權末期成爲反馬可仕的帶頭者，因此安利凱沒有辦法再待在馬尼拉，只好移居香港。

一九八六年艾德沙革命之後，失意時離開菲律賓移居西班牙，數年前運氣不好，在職業競技結束之後掉落馬下，折斷頸骨半身不遂。由當時的形勢來看，安利凱基於「別人的敵人就是自己的同志」的邏輯，與馬可仕攜手合作，也是無可奈何之事。

艾利札爾迪家上一代的孟達是總帥，爲菲律賓最大的西班牙後裔的砂糖財閥。一九六〇年代進行多角化經營，設立菲律賓最早的鋼鐵公司艾里斯克公司。這是日本有力企業參與的大型計劃，而在艾里斯克公司的開幕典禮上，馬可仕夫妻也出席了。以此計劃爲契機，艾利札爾迪家因爲加深了與馬可仕的關係，而逐漸發展。但是，艾利札爾迪家因爲內部的糾紛而完全銷聲匿跡了。

在菲律賓財閥當中，沒有比它更短期沒落的財閥。除了砂糖公司以外，還有萊姆酒公司、電視臺公司、保險公司等全部都賣給他人，甚至連總公司的大樓在幾年前也賣給了安里雷。

據說艾利札爾迪家是天才和瘋子的血液混合而成的。孟達的弟弟是著名的音樂家，但是因爲太過於浪費而讓孟達非常生氣，在家族內被視爲禁治產者。而他的兒子馬尼耶爾和夫雷德關係不好，尤其是長男馬尼耶爾有很多怪異的行爲，據說某家公司和他們公司簽約時，因爲惹馬尼耶爾生氣，他居然用鉛筆朝對方丟去。

我認識次男夫雷德，與其說他是企業家，還不如說他是藝術家，也是著名的運動員。很會游泳，在哈佛就學時，曾獲選爲國家代表隊。而在東京所舉行的一九五八年的亞運會中，他代表菲律賓參加兩百公尺蝶式，得到第三名。

科方科財閥的根源

以乾淨和人民的力量為看板而登場的前總統可拉森．艾奎諾（通稱克里）的家族科方科家的財富，事實上是從菲律賓人民身上搾取而來的，對於日本的克里崇拜者而言，的確是一大打擊。現在菲律賓的財富有一半都在科方科家一族的影響之下，各位聽到這件事情一定感到很震驚吧！

現在的家名科方科，是繼承曾祖父的家名Kho Huang。可拉森．艾奎諾就任總統之後，曾到訪曾祖父賀賽的故鄉福建省。賀賽十二歲時步父親的後塵到達菲律賓。

父親在呂宋島中部的塔爾拉特州擔任廢棄品回收業，以及米的買賣者。賀賽少年時在父親的陪伴下成長，娶了當地的女子，成為三個孩子的父親，過著普通人的生活。三個孩子當中，特里尼達德年輕時就死去了，而長女伊席德拉和長男邁雷希歐都很長壽，邁雷希歐據說是科方科三家的始祖。

邁雷希歐生下四個男孩，長男的一生如何不得而知，次男是艾奎諾總統的父親，三男是PLDT（好像日本的NTT與KDD合併而成的電話公司）的擁有者，四男是一九九二年出馬競選總統但丁的父親。

科方科家的神奇，就在於在邁雷希歐一代就建立了現在科方科家的基礎。從完全沒有門地的一介移民之子開始，到孫子一代爲什麼能夠成爲菲律賓最大財閥集團呢？在此有關於一代致富人物的傳說。

就在亞瑟·亨利的『根』拍成電視影集成爲話題的時候，但丁請求著名的歷史學家卡洛斯·基里諾去調查他們家的根源，但是但丁並沒有公布調查結果。在艾德沙革命之後，他卻將調查結果的一部分由當地的媒體報導出來，更增加了先前傳聞的可信度。因爲獨立戰爭而致富嗎？

獨立戰爭中獲得財富

邁雷希歐出生的時代，正好發生了對抗西班牙統治的獨立戰爭（一八九六年八月～一八九九年一月），以及想將菲律賓當成入侵中國的立足點，而爆發的美國與西班牙的戰征（一八九八年四月～八月），這場戰爭的結果，陸續引發了新菲律賓的統治者美國的獨立戰爭——美菲戰爭（一八九九年二月～一九〇二年七月）。

造成這場戰爭長達六年的關鍵，就是卡提普南事件。

卡提普南是希望達成武裝革命的秘密結社組織，在一八九二年由安德雷斯、波尼法西歐等馬尼拉的下層知識份子所組成。波尼法西歐等人組織馬尼拉的勞動者之後，馬尼拉周邊諸州的市長等特權階級也加入，組織不斷地擴大。但是在武裝暴動的準備還沒有完成的一八九六年八月十九日，就被西班牙政府得知。據說邁雷希歐的姊姊伊席德拉在這場戰爭中得到了財富。

一位團員的妹妹在告解的時候，對神父告白了這件事情。雖然說聽到的告白不能夠告訴第三者，但是神父還是打破天主教的禁令而通知了西班牙官府。於是西班牙的官府立刻逮捕馬尼拉的團員，波尼法西歐以下主要的團員都逃往郊外。同月三十日發生暴動，攻擊馬尼拉的彈藥庫，而周邊諸州的團員也一起加入革命的行列中。誕生了波尼法西歐以及解放卡比提州的卡比提州州長馬比尼和亞基納爾德等英雄。

但是，革命的常理就如同與特權階級的亞基納爾德對立，而被槍殺的無產階級的波尼法西歐同樣的，其他的許多英雄因爲同志之間權力鬥爭的結果，最後被肅清了。

安東尼魯納將軍也是這場悲據的英雄之一。

魯納將軍在歐洲受教育，是一位知識份子，身爲對美戰爭的領導者，據說是讓美軍非常惱恨的菲律賓人。我的朋友桑特斯的曾祖父說，將軍將從各地有力者那兒徵收的軍資堆放在馬車上，和馬車一起行動。

他的革命根據地是塔爾拉特州，在此與邁雷希歐的姊姊伊席德拉關係親密，還有人說伊席德拉是魯納將軍的愛人。

一八九九年六月五日被稱爲亞基納爾德將軍的魯納將軍，被刺了四十多刀慘死。魯納將軍早就預期到自己的命運，一週前就已經寫下了遺書。他的遺書現在還留著，據說他的遺物是要交給年邁的母親與國民，但是軍資卻失蹤了。

當時，伊席德拉三十二歲，在魯納將軍被暗殺以後，開始了科方科家的大躍進。

沒有孩子的伊席德拉，據說在經濟上援助邁雷希歐的孩子們。她在一九六〇年七月十三日以九十三歲的高齡死去時，科方科家不僅是塔爾拉克州擁有大半農地的大地主，同時她所留下來的借據就有一百萬美元以上。

如果這些是事實的話，那麼就和馬可仕蓄積財富一樣，科方科家也必須面臨伊席德拉偷偷佔領的軍資是否要歸還的問題。

邁雷希歐擁有精米工廠，是米的大盤商。

在進行獨立戰爭時，曾提供道格拉斯・麥克阿瑟將軍的父親，當時擔任菲律賓最高司令官的亞瑟・麥克阿瑟將軍宿舍，同時處處給美軍方便，甚至將戰略物資送到塔爾拉特市，他將自己工廠的米免費運送到馬尼拉，結果得到了特權及一些法外利益。

由這個事實，造成科方科家被視爲賣國賊。但是，由於革命處於劣勢，和西班牙方面締結合約，於是他得到賠償金七十萬披索的一部分而逃亡到香港，與被革命軍放棄的亞基納爾德等人相比，他的罪還算是輕的了。

第2章　馬可仕政權與財閥

——馬可仕如何成爲獨裁者——

洛培斯家的興盛

我在一九六七年從東芝被派往菲律賓，在馬尼拉設置事物所，最初的工作就是從美國進口的機器放在馬尼拉機場的業者，因爲收取了不該收的錢，害怕被發現，所以在機場放火，將機場機器全部燒掉。而我爲了負責戰後賠償問題，而趕緊購買。

後來，和航空局完成實務階段的協定。但是，在簽定契約之前突然出現了醜聞。也就是說，馬可仕總統府無視於航空局的做法，任性地和荷蘭的菲力浦公司簽定了兩千萬美元的契約。當時在日本企業中不只是菲律賓，同種的機器沒有任何廠商簽定一千萬美元以上的契約。

第一時期時的馬可仕接觸這一類的計劃，而開始日後龐大財富的蓄積。馬可仕在第一期後半到第二期時，開始建立集金系統，在此我學到的教訓就是，討論今後菲律賓的政治案件，絕對不能夠忽視馬可仕。

第二期再次大選時，下定決心與資助者洛培斯財閥訣別的馬可仕，設立了報社和電視公司。而關於購買電視臺的機器方面，必須要由日本進口機器。而馬可仕的對抗者洛培斯因爲在美國受教育，所以屬於親美派。所以，他認爲如果從美國方面進行購買機器的計劃，恐怕詳細的計劃會被洛培斯的人知道，因此必須由日本購買。

而我接受這個計劃的定購案，負責處理機器的工作，因此，認識了很多馬可仕政權中樞人物。我的人脈主要人物，都是馬可仕親信中的親信，也就是後來奉派成爲駐日大使的貝尼迪克特。透過他，我也認識了馬可仕的兒子彭彭和女婿亞拉尼塔，以及伊美黛的外甥貝布・洛姆亞爾迪斯等人。

和他們的交往與工作完全無關，我在一九七四年結束第一次的駐在任務之後回到日本。但到第二次駐在菲律賓的八三年以前，以及艾德沙革命之後，他們逃亡到美國時我仍然和他們交往。

而馬可仕的政敵洛培斯財閥所擁有的馬尼拉電力，與東芝公司簽定兩年的契約，因此我也和洛培斯家有所往來。

因爲當時洛培斯家的馬尼拉電力是我最大的顧客，因此，我知道關於洛培斯家的一些傳聞。後來在一場音樂會中偶然的機會下，我又認識了在戒嚴令後將全部財產交給馬可仕的洛培斯家的次男奧斯卡。

最初遇到奧斯卡的時候，是在洛培斯家全盛時代，關於電線桿上變壓器合併事業的交涉問題上。這件事情因爲投資條件的差異，決定由其他公司來代理。但是，當時奧斯卡將我請到他的辦公室，誠摯地對我說明不得不把代理權交給其他公司的理由。他那謙虛的態度令我非常感動。因爲在當時財閥的二世、三世，都會表現出如艾利札爾迪家的孟達那種不遜的態度。

戒嚴令後，在洛培斯家附近守候的馬可仕的間諜看到我出入洛培斯家，把這件事情報告馬可仕知道。在此之前，我也因爲某件事情而被迫要離開菲律賓。當時，伊美黛的外甥貝布·洛姆亞爾迪斯盡力斡旋，結果讓我留在菲律賓。但是他卻對我提出忠告：

「不要太接近洛培斯家！」

我記得我對他說：「我和你同樣都是他的朋友，請你告訴馬可仕，我完全沒有政治意圖。」

當時，沒有任何人預料得到艾德沙革命導致貝布逃亡到美國，而且做夢也沒想到我會盡力幫助他回國。命運的繫絆眞的是很不可思議。

接下來要敘述的是洛培斯家的歷史，是我從奧斯卡·洛培斯那兒聽來的，以及參考他在被馬可仕家奪走了所有洛培斯家資產的倒楣時代所寫的家史。

一九六〇年代，洛培斯家是該國的一大財閥，科方科家根本是微不足道的。

洛培斯家的源流可以追溯到十九世紀初期。

同家的始祖巴西里歐少年是中國後代菲律賓人。一八二〇年時，從呂宋島的巴單加斯州單身到達在帕奈島的哈洛市，在那兒爲西班牙人的養子，取名爲洛培斯。養父回到西班牙以後，他暫時寄居在哈洛市的資產家哈蘭德尼那兒。與其說是寄居，還不如說是被雇用。

努力工作的巴西里歐終於得到哈蘭德尼的喜愛。沒有孩子的哈蘭德尼於是認洗衣女的女兒莎比娜爲養女，把她嫁給巴西里歐。雖然在洛培斯家史中是這麼寫的，但是莎比娜可能是哈蘭德尼和洗衣女所生的孩子。

建立洛培斯家基礎的財力，是擁有三千公頃莊園的巴西里歐三男第二代的尤黑尼歐一世。

而爲洛培斯帝國建立基礎的則是尤黑尼歐的兒子，第三代的黑尼特。沒有他就沒有洛培斯家的大飛躍。

他除了家業砂糖廠以外，又成立了後來成爲洛培斯家守護神的新聞事業。當時發行的日報『耶爾庭報』在伊洛伊洛市是最大的日報，在太平洋戰爭中分歧爲日軍的御用報『帕奈週報』，保護洛培斯家的權益。

黑尼特運用新聞，使得他成功地擔任兩任的州長，但是再選過後就被政敵刺客射中四發子彈，結束了三十一歲年輕的生命。以父親被暗殺事件爲教訓的遺子尤黑尼歐和斐南迪，知道保護家人需要財力、智慧和暴力。於是攜手合作，有效地活用暴力與政敵展開作戰，而建立菲律賓最大的財閥。但是，等到得到所有的權力之後，又過於傾注財力、智慧而輕視暴力，反而導致洛培斯帝國的瓦解。

洛培斯家擁戴馬可仕

代表菲律賓產業之一的砂糖產業的歷史，可以說是栽培業者與製糖業者的競爭歷史。

沒有製砂糖工廠當然無法製造砂糖，當時的砂糖工廠比較少，因此，製糖業者意氣風發，強迫栽培業者簽定長達三十年的契約，而且利益對半。因此，最後栽培業者團結起來，對抗製糖業者。

兩者的紛爭影響了菲律賓的政治及經濟，如果說到現在爲止菲律賓的紛爭全都是起因於兩者的紛爭，絕不爲過。

洛培斯家成爲栽培業者的帶頭者，最後將利益分配從以往的對半變爲七三分帳，成功地簽定了對栽培業者有利的契約。而洛培斯家在這場戰爭中，當然活用了父親黑尼特所留下來的報社。

後來，擁有砂糖工廠以後，洛培斯家又成爲砂糖業的領導者，嶄露頭角。希望將製糖業者納入他的勢力範圍之下，但是製糖業者卻反抗，與當時的總統馬卡帕加爾攜手合作，成爲與洛培斯家長期鬥爭的開端。而這場鬥爭也造成了洛培斯家進入中央，從地方財閥中蛻變出來。

在砂糖事業和報紙上成爲地方財閥之雄的尤黑尼歐，讓弟弟斐南迪擠身於地方政界，希望以政治力量保護洛培斯財閥的權益。

首先，就是斐南迪在一九四五年擔任帕奈島最大的都市伊洛伊洛市的市長，一九四七年被選爲參議院議員，兩年後由於洛哈蘇總統猝死，而成爲菲律賓的副總統。這全都是拜洛培斯家的財力之賜。

尤黑尼歐的事業慾不只如此而已，也發展交通事業，經營伊洛伊洛海運公司、伊洛伊洛交通公司、伊洛伊洛航空公司等。根據奧斯卡·洛培斯說，洛培斯家從交通事業開始，建立現在菲律賓交通工具代名詞的Jeepney，Jeepney是指在戰後將美軍大量轉售的吉普車改造成的小型巴士，在不良的道路上，大型巴士不論在費用或機動性上，都比不上這種小型的吉普車。

但是，巴士事業的失敗，成爲促進洛培斯家進入中央的跳板之一。

洛培斯家成功的要因之一，就是擁有盟友事業家雷・迪斯馬。尤黑尼歐的政治力藉著雷・迪斯馬的幫助而更爲增強。雷・迪司馬是哈洛市信徒代表，是當時年輕的司敎，與洛培斯家建立良好關係。

擁有副總統弟弟的尤黑尼歐，不知恐懼爲何物，但是對於畢業於哈佛大學的這位輕年才俊而言，他絕不甘於只成爲伊洛伊洛市的地方財閥。

尤黑尼歐將洛培斯家的女兒嫁到哈洛市以外的地區，也成爲洛培斯家進入中央的力量之一。尤黑尼歐夫人是出生於馬尼拉名門墨雷諾家，是一位才色兼備的夫人。在洛培斯家人聚集在一起的時候，還會和曾孫一起跳舞。

當基里諾擔任總統的時代（一九四八年－五三年），洛培斯家藉著基里諾的庇護而執砂糖事業之牛耳。

但是，馬卡帕加耳擔任總統之後，使得洛培斯家的事業受到許多的阻礙。洛培斯家的生意勁敵尤洛及亞拉尼塔和總統馬卡帕加爾攜手合作，在所有的事情上都阻礙洛培斯家的砂糖事業。

發生年輕王子事件的康爾・邦高爾夫球場的擁有者尤洛，和著名的亞拉尼塔露天劇場的擁有者亞拉尼塔，是兼營栽培與製糖的砂糖業者，據說藉此賺取了天文數字的利益。

洛培斯家爲了保護家業，需要總統的政治庇護，因此，必須防止馬卡帕加爾再度獲選爲總統，於是尤黑尼歐希望自己的弟弟擔任總統。

在有錢就有勢力的這個國家中，如果擁有洛培斯家的財力，想要讓擔任副總統的斐迪南成爲總統並不是什麼困難的事情。因爲當時洛培斯家的總資產，以日幣來換算的話，達到一千億日幣以上。

斐迪南自己也希望當總統，而馬可仕發現到同是屬於自由黨的馬卡帕斯加爾在位的話，他就不可能被指名爲總統候選人，因此趕緊轉爲洛培斯所屬的國民黨。這是非常瞭解洛培斯家要害而展現的行動。因爲尤黑尼歐的目的不是讓家人擔任總統，而是希望保護洛培斯家的權益。

根據奧斯卡．洛培斯說，當時洛培斯家由於不願意繼續容易受當天候或景氣影響的地方砂糖事業，因此打算孤注一擲，進入中央。

洛培斯家似乎想利用電力事業來代替砂糖事業。因爲一天二十四小時、一年三百六十五天都需要發電，就好像銀行在星期六也會利用利息賺錢一樣，是一整年都能有效活用的生意。

洛培斯家幾乎完全放棄了在哈洛市的事業，將全部資產投入不會受到星期六、星期日影響的事業上，電力公司、電視公司、報社中。但是這些事業比起砂糖的事業而言，受到政治的限制更嚴格，因此對洛培斯家而言，在總統大選中獲勝是當務之急。

如果馬可帕加爾再度當選總統的話，最糟糕的情形爲導致洛培斯財閥的沒落。因爲畢竟公共事業的電力事業只要總統的一句話，就能使得電費增減。

這時登場的就是伊美黛了。

她的哭泣外交後來一躍成名，而哭泣戰術的第一個受害者就是斐迪南。伊美黛含淚哀求斐迪南讓她的丈夫擔任總統候選人。因爲洛培斯家的本意不是爲了要擁有總統的寶座，而是爲了擁護洛培斯家的事業，兩者的利害完全一致。

一九六五年馬可仕擔任總統，而斐迪南擔任副總統，當然是因爲洛培斯家豐富的選舉資金所造成的。選舉費用一半由洛培斯家支付，選舉後馬可仕必須要歸還，後來馬可仕並沒有歸還。但是，洛培斯家還是能夠得到總統的政治庇護。斐迪南因爲是第一任副總統，而在菲律賓的歷史上留名。

但是，洛培斯和馬可仕的蜜月時代在幾年內就結束了，兩者的關係逐年惡化。尤黑尼歐．洛培斯是很好的企業家，但是也有他的缺點。他有潔癖，不喜歡同流合污，而且他自負是王者，因此，認爲當時年輕的馬可仕會遵從洛培斯家的意向，可是這卻是一大失誤。兩者關係在馬可仕第一任任期結束時惡化。

馬可仕的佈局

馬可仕不像洛培斯家所想的是個傀儡，他比尤黑尼歐更利害。而尤黑尼歐的失敗就在於太過於看輕馬可仕，他總認爲就算馬可仕擔任總統，也無法逃離洛培斯家的束縛。但馬可仕認爲如果要對抗洛培斯家，必須要有新的家庭組合。而這個家庭組合就是後來被稱爲好朋友的一群人，包括迪西尼、科方科、貝尼迪克特等人。

馬可仕在一九六八年初，命令他的刎頸之交貝尼迪克特策劃對抗洛培斯家，以及在一九六九年時對抗斐迪南出馬競選總統等計劃。

根據奧斯卡．洛培斯說，貝尼迪克特的父親以前曾在洛培斯家工作，後來駐在美國。對於洛培斯家而言，現在堪稱是宿敵。可是，他是馬可仕的學友，馬可仕學生時代因爲懷疑暗殺父親的政敵而被起訴時，貝尼迪克特曾經援助過他，所以他知道他是一個很有情的人。

與洛培斯家訣別，意味著沒有辦法再利用電視臺選舉了，於是馬可仕命令貝尼迪克特設立電視臺。

當時，在馬尼拉US頻道有奇數編號的六個頻道，洛培斯家擁有其中的三與九兩個頻道，其他的頻道除了美國退役軍人史都華的七頻道以外，各自為財閥洛賽斯家、艾利札爾迪家、索里亞諾家擁有五、十一、十三頻道，並沒有空的頻道。因此，即使在馬可仕的命令之下，馬尼拉也不可能再開播放局。

但是，頻道一到五之間有多餘的頻寬，以技術上來說可以取得一個頻道。和日本的情況同樣，頻道一到五之間有NHK二局和NTV（日本電視臺），總計可以容納三家電視臺播放節目。

不過，菲律賓是採用美國方式，頻寬與日本並不相同，頻道一只能當成播送用頻道。也就是說，如果不關掉頻道三的話，就無法使用頻道二與四。

知道沒有空頻道的貝尼迪克特，取得了在馬尼拉北方一百公里處的達格潘市設立大電力播放局的許可。頻寬可容納六個頻道。從這一點就可以知道他絕對不是普通的鼠輩。在達格潘市取得特權，即使電波發射到馬尼拉也不算違法。而且，號稱在馬尼拉擁有最大發行數量的『馬尼拉時報』的擁有者，是反馬可仕派的洛賽斯家的頻道五和史都華家的頻道七，這兩頻道的發射功率都很小，如果用頻道六發射大功率的訊號，就可以造成蓋臺的情形。

不明究理的洛培斯家向政府提出申請，希望以頻道二與四來代替三與九。這種申請是一種技術性的做法。低頻率的頻道三與高頻率的頻道九必須各別架設天線，因此，分別在開孫和馬尼拉設置電視臺的洛培斯家，希望將電臺集中化。如果擁有頻道二與四的話，就可以共用天線，比較符合經濟效應。

當然，這是技術性的做法，因此不明究理的尤黑尼歐和斐迪南的這項申請對於洛培斯家而言，無疑是致命傷，可以說是非常地倒楣。結果，洛培斯家因爲馬可仕而只建立了空頻道。

到了第二期一九六九年十一月總統大選時，在貝尼迪克特的號令之下，總統大選的三個月前進行在中央及地方開設電視臺的大計劃。地方電視臺設立在菲律賓第二都市宿霧市，和貝尼迪克特的出生地巴克洛德市。宿霧市是馬可仕的對抗者自由黨的奧斯梅尼里的故鄉。將發射機設在兩千公尺的山頂上，可以涵蓋巴克洛德市對面的伊洛伊洛市。這三個都市是繼呂宋島之後的大票源。

馬可仕更命令貝尼迪克特設立報社。因此誕生了堪稱馬可仕御用報的迪里・艾基斯普雷斯社。

做好選舉準備的馬可仕，再度當選了。

關於兩者的爭執，當然各執一詞。

聽說馬可仕不允許洛培斯家所提出的設置第四臺權，以及石油進口權、菲律賓長途電話公司的取得權等等。洛培斯家認爲馬可仕的做法實在太黑了，尤黑尼歐甚至還在他的報紙中提醒馬可仕注意。

事實上，尤黑尼歐認爲「馬可仕一直想當總統」。

一個事實就是，馬可仕當上總統之後，洛培斯家的事業並沒有發展，只是維持現狀而已。因此，在選舉中投入大量資金的洛培斯家沒有得到任何的回報，當然非常地氣憤，這可能就是兩者之間出現爭執的眞相吧！

尤黑尼歐．洛培斯與馬可仕的對決

但是，據說在一九六八年尤黑尼歐結婚四十周年的紀念宴會上，才讓洛培斯家決定與馬可仕對決。

這個宴會是在面對馬尼拉灣的尤黑尼歐的豪華宅邸，帕拉尼亞開舉行的。號稱是菲律賓本世紀空前絕後的大宴會，我也應邀參加。據說在庭院建立了一個香檳大噴泉，的確是極盡奢華之能事。

當時應邀參加的人，包括財政界大老、外國的賓客、各國的大使等，當然馬可仕夫妻也應邀在列。主角是洛培斯夫妻，擔任宴會女主人角色，聚集滿場焦點，損傷伊美黛自尊心的是尤黑尼歐的女兒，有「馬尼拉社交界之花」之稱的才女普蕾西。在衆目睽睽之下，被尤黑尼歐忽略的馬可仕和伊美黛非常痛心。而且，這場宴會也可以說是洛培斯家對於馬可仕的威脅行為。

尤黑尼歐毫不隱瞞對馬可仕的輕蔑態度。

我和東芝幹部一起去拜訪尤黑尼歐時，他坐在一個沒有安裝抽屜的桌子前，對我們開玩笑地說道：

「馬尼拉電力的投標就和這張桌子一樣，桌子下什麼也沒有。這一點和馬可仕的電力公司是不同的。」

此外，在洛培斯大廈的創立演說會上，在總統夫妻面前說道：

「我們完全沒有接受政府的援助。」

當時，我認爲在一國首長面前竟然表現出這種態度，的確是非常危險。

而且，當洛培斯家利用自己的電視臺、報紙開始攻擊馬可仕的時候，我知道兩者的關係已經相當惡化了。

的確，馬可仕沒有任何的身份地位，而甚至有人說伊美黛是「妾所生的孩子」。對於有傳統的洛培斯家而言，當然會看輕馬可仕。而洛培斯家想到當時前來哀求的伊美黛哭泣地說：

「請讓他擔任總統候選人。」

當然會認爲自己是在菲律賓最有實力的人。

兩者的爭執之間有這些背景存在。

如果歷史也有「假如」的話，假如尤黑尼歐能夠寬宏大量，而菲律賓不是由馬可仕統治，而是由舊財閥統治的話，也許就不會出現菲律賓現在的借債地獄了。

馬可仕擊潰洛培斯家

馬可仕政權第二任最大政治課題，就是關於四年後失效的與美國的通商法「美菲貿易協定」中，美國人與菲律賓具有同等資格，能夠參加所有企業活動的平等權條款，以及相關的憲法修正。

這些憲法是美國統治時代所制定的，禁止總統參選三次以上。

馬可仕希望能夠修改這些憲法，而永久掌握政權，於是在一九七一年夏天召開的憲法制定會議中，徹底執行議會工作。結果關於總統制方面，決定採行議院內閣制，同時否決不是由馬可仕一族所指定的法案。同年十月的中間選舉，遭到反馬可仕派的反擊，因此，採取停止人身保護令的戒嚴令非常處置手段，產生非常露骨的選舉干涉方式，但是在改選八議席當中，在野黨的自由黨佔了六席，因此馬可仕嘗到失敗的滋味。

馬可仕在翌年七二年九月二十三日，以「新人民軍的破壞活動，有顚覆政府的危機」爲理由，下令菲律賓全國戒嚴。

自任全軍最高司令官，掌握了各種權限如行政權、立法權。而且，對於在呂宋島諸州擴大勢力的新人民軍，展開大規模的掃蕩作戰。一方面逮捕擔任自由黨幹事長，成爲總統候選人的參議院議員艾奎諾等，體制內反馬可仕派的領導者。

結果，同年十一月公布憲法草案，翌年七二年一月，憲法未經國民投票承認就公布了。而憲法批准後暫定國會的召集，根據新憲法以後的規定，必須經由馬可仕同意。也就是說，經由合法的過程成立了馬可仕獨裁政權。

根據奧斯卡・洛培斯說，這些戒嚴令是從他家開始的。發布戒嚴令的前一天晚上七點半左右，有兩輛車停在他家門前。坐在車上的幾名穿著便服的男子們，將一輛車停在電線桿旁。槍口瞄準空的自用車胡亂掃射。也就是說，由於國防部長的轎車被襲擊，因此頒布了戒嚴令。

艾德沙革命之後，國防部長安里雷對於這次的襲擊事件說道：「是馬可仕下令做的。」

但是，安里雷和馬可仕都沒有想到，部下僞裝的襲擊行動竟然是在奧斯卡家門前做的。

馬可仕和洛培斯的鬥爭，由於戒嚴令的施行劃下了休止符，開始了洛培斯家的受難歲月。

當時，尤黑尼歐和在六九年總統大選時，與成爲自由黨候選人與馬可仕較勁的歐斯梅尼亞很慶幸地留在美國。但是，爲了觀察情形而歸國時，馬可仕卻以懷疑尤黑尼歐的長男黑尼和歐斯梅尼亞的長男賽魯吉歐「參與馬可仕暗殺計劃」而被逮捕。這就是馬可仕的聰明之處，他利用尤黑尼歐和歐斯梅尼亞的兒子當做人質，使得對人權問題會產生敏感反應的同盟國美國受到牽制，無法發揮作用。

馬可仕當然沒有對黑尼及賽魯吉歐進行審判，持續把他們關在囚禁艾奎諾參議院議員的陸軍基地內的牢房中。另外一方面，對民衆提倡新社會運動，希望能夠趕走、消滅特權階級。

這個目的很明顯的就是要讓洛培斯的財閥解體，其證明就是馬可仕一開始就佔據洛培斯的電視臺、報社以及馬尼拉電力公司。而對於政治保持中立的大財閥阿亞拉、索里亞諾、艾里札爾迪、科方科等人，完全不過問。

如果說馬可仕眞要推行新社會運動的話，那麼身爲大地主的阿亞拉家應該先被解體才對。事實上，馬可仕甚至派軍隊去佔領正在建設中的自己的電視臺，不過只不過是一種形式而已，幾天以後又允許繼續建設了。

後來，馬可仕好像用一條棉帶環繞脖子似地，開始勒緊洛培斯家的各企業。雖然洛培斯家還未決定要如何報復馬可仕，但是根據奥斯卡說：

「洛培斯的新聞只是報導眞實的事而已。」

對於被指稱「用謊言鞏固權力」的馬可仕而言，也許沒有比眞實令他感到更討厭的事了。

馬可仕對洛培斯家所進行的一連串報復行動，不應該是一位國家元首做的事情。根據奥斯卡說，他的哥哥黑尼被當成人質以後，馬可仕對於在美國的尤黑尼歐持續提出無理的要求，霸佔了洛培斯家的財產。

例如：「如果洛培斯答應簽定轉讓馬尼拉電力公司的契約書，則同意釋放黑尼。」抬出黑尼，讓馬尼拉電力公司成爲自己擁有的事業。

但是在簽約之後，馬可仕根本沒有放回黑尼。當時罹患前列腺癌的尤黑尼歐・洛培斯透過奧斯卡，和伊美黛的弟弟科科伊・洛姆亞爾迪斯商量，抱病在一九七四年歸國，停留兩個月左右。但是後來交涉未成功，幾個月後在美國客死他鄉。

馬可仕對於洛培斯家的電視臺，處置方法非常殘忍。

洛培斯家的ABS—CBN電視臺的地方臺有七臺，全國二十一個廣播電臺工作人員超過三千人，是東南亞最大的民間電臺。直到現在，仍然和NHK攜手合作，提供衛星電視節目，爲該國的第一電視臺。

馬可仕先以懷疑逃稅的理由，將ABS—CBN納入政府的強制管理之下，沒有發放遣散費給工作人員，又全都把他們趕走。

而懷疑逃稅的機械購買問題，是以免稅措施的方式購買，而給與洛培斯家免稅措施的則是當時稅關長，馬可仕的好朋友之一安里雷。在七三年六月，馬可仕在交給貝尼迪克特管理的電視臺失火時，將其當成是奇貨，接收了洛培斯家的電視臺。

形式上是用租的，但實際上租金只付了一次一千五百美元而已，即使洛培斯家請求了好幾次，他仍然不願意付錢。

所以，洛培斯財閥在尤黑尼歐死後，事實上已經解體了。

馬可仕的蓄財機構

馬可仕實施戒嚴令去除敵對者的同時，也進行權力的集中化，想要建立有效機構，能夠將財富納入手中。

就好像美國製造出共產主義亡靈，爲了將越戰這種除了軍需產業之外，對於任何事業都無貢獻的戰爭所造成的龐大浪費投資加以正當化一樣，馬可仕將新人民軍這種反對馬可仕等的特權階級團體稱爲「共產主義者」。從美國手中不斷取得對菲律賓經濟發展沒有任何貢獻的軍事援助。當初爲六萬名的士兵，而到了馬可仕的政權末期時，人數卻高達二十幾萬人。而且就好像伊拉克的海珊總統擁有總統警衛隊，這種來自同一鄉里的人保護的軍隊一樣，馬可仕也從出生地伊洛克斯州找來同鄉的人，鞏固軍隊的中樞部，將軍部化爲自己的私兵。

其他的官廳也都大同小異，馬可仕的政府機構本身就是方便馬可仕一家蓄財的機構。甚至染指民間企業。例如，將主要的進出口產業都納入其管轄之下。而賭場在形式上是國營化，而龐大的收入並沒有納入國庫中，而是進入馬可仕及他的好朋友懷中。其中一部分用來宣傳欺騙貧窮人。而他的御用報導機構電視臺和報紙等，報導出來的金額爲實際捐贈金額的幾十倍。

馬可仕藉此得到了天文數字的財產。

馬可仕的好朋友除了貝尼迪克特、但丁、煙王唐之外，都是新的特權階級者，很多都是騙子。所以，雖然同樣是好朋友，但是貝尼迪克特等人與他們劃清界限。

從當時擔任貝尼迪克特電視臺的經理，與煙王同姓的唐那兒聽到以下的說法。

迪西尼是馬可仕的姻親，除了擔任與核子發電廠有關的美國的西屋公司代理店的社長之外，還兼任二十幾家公司的社長。同時兼任瓦克瓦克高爾夫球場的理事長，是一位著名的頂尖人物。

菲律賓高爾夫球公開賽在瓦克瓦克高爾夫球場舉行，迪西尼要求唐轉播這場高爾夫球賽，於是唐將這件事情告訴貝尼迪克特知道，貝尼迪克特立刻問道：「Who is Disinni?」這句話就代表了一切。

在這場公開賽之前有職業業餘賽，而迪西尼也成爲菲律賓的代表出賽。我曾經在瓦克瓦克高爾夫球場看過迪西尼的演出，當時迪西尼的第二球打進池中，但是，桿弟卻另外拿一個球放在越過水池的草地上。如果眞是一位頂尖好手的話，當然知道自己的球飛到哪去，但是他卻佯裝不知，繼續打球。

後來聽說迪西尼將核能發電計劃中應該交給馬可仕的錢呑掉逃走，我覺得他的確是會做出這種事情來的人。

而其他的人和迪西尼也沒有什麼差距。三菱人造纖維的合伙人迪伊，借貸擔保與三菱成爲合併公司的兩百億日幣的金錢逃亡到海外，承辦政府大部分土木工程的庫安克，也是著名的「偷工減料」的名人。

豐田代理店的社長西爾貝里歐等人，雖然與日本企業夏普公司等進行技術合作，但因爲沉迷於賭博，經常飛到拉斯維加斯去豪賭，被借債壓得透不過氣來。所以，全世界當中，豐田代理店中唯一倒閉的一家公司，就是西爾貝里歐所擁有的公司。

雷秋克事件

戒嚴令施行後的反馬可仕運動，主要是以流亡美國的學生運動家，及反馬可仕派的流亡政治家爲主。

反馬可仕派之一的拿破崙．雷秋克現在住在華盛頓。戒嚴令之前擔任律師的他，在菲律賓彈劾馬可仕及洛姆亞爾迪斯一族的貪污瀆職是「菲律賓有歷史以來最惡劣的行爲」，結成「撲滅貪瀆聯盟」，成爲其領導人。

提出二十五件具體的案例，控訴馬可仕。

頒佈戒嚴令之後，雷秋克和家人很快地逃亡到美國，但是當時十六歲的長男卻沒有逃亡成功。

兩年之中，雷秋克使用各種手段，希望將長男救回美國。但是，和黑尼同樣的，因爲馬可仕的阻礙而沒有辦法實現願望。雷秋克認爲要救自己的孩子，只能採取強行手段，於是提出請求，希望和伊美黛的叔父，擔任美國大使的艾德華．洛姆亞爾迪斯在華盛頓召開的菲律賓協會中面談。面談是在一九七四年十一月十八日下午三點半，在菲律賓大使館舉行的。

這一天來到大使館的雷秋克見到大使之後，用手槍抵住大使的太陽穴，要求他釋放自己的孩子。

這場奪回人質的戲劇性演出持續了十小時，到了第二天十九日的凌晨二點，由美國當局確認他的兒子已經搭乘從馬尼拉起飛飛往美國的飛機之後，於是雷秋克釋放了大使投降。這次的事件當然被許多的媒體爭相報導，吸引了美國國民的注意。

馬可仕在這次事件的審判上，和尼克森總統攜手合作，不讓尤黑尼歐・洛培斯的女婿史提夫・西納基斯和艾奎諾政權的外相曼格拉普斯等人出來做證。因此，雷秋克以恐怖活動和綁架的罪名被判十年徒刑。

但是，服刑十五個月之後，雷秋克要求再審，在七七年四月傳喚證人。當時檢察官提出「基於政治的理由，不適合傳喚證人」爲由而臨時動議。

但是，法官駁回了他的請求，由住在美國的多數反馬可仕派的人擔任證人出庭。

曼格拉普斯對於陪審員做證說明菲律賓的現狀，以及以公佈戒嚴令的馬可仕不僅想要逮捕他，同時還爲了封住他在美國的發言而阻礙家人的出國。同時向法院提出甘迺迪參議員及亨夫里參議院議員等人，對馬可仕提出的請願書的影印本。然而也說明馬可仕對於這些美國人的善意，全都不屑一顧的做法。因此，他的家人只好甘冒危險，逃到美國來。

他的證言動搖了陪審員的心，接著站在證人臺上的現任衆議院議員達沙，說明他的出生地薩摩爾島的現狀時，很多陪審員都不禁哭了起來。

當然，雷秋克被判無罪。而這一場審判給與美國人的印象是馬可仕的暴政。對馬可仕而言，是他的失誤。

米哈雷斯收買事件

當馬可仕王朝開始握權時，擔任兩任菲律賓國際新聞記者俱樂部會長的提波・米哈雷斯，在戒嚴令後成爲馬可仕報導關係的最高責任者，進行一些報導操作，成爲此道高手，惡名昭彰。而且，他還是少數幾位不需要預約，就可以進入馬可仕辦公室的人。但是，當他在伊美黛訪美之前，在一九七四年末先行到達舊金山，秘密與反馬可仕陣營之一的菲律賓新聞社的編輯艾斯克拉馬德取得聯絡，告知與馬可仕的訣別。

聽到這個消息的尤黑尼歐・洛培斯的女婿史提夫・西納基斯，認爲這對馬可仕而言是致命傷，於是趕緊和艾斯克拉馬德三人舉行第二次的會談。因此，確認了米哈雷斯與馬可仕的訣別。對於反馬可仕陣營而言，這是一大消息。史提夫等人暫時覺得好像已經砍下魔鬼的腦袋似的。

到翌年七五年二月二十日，米哈雷斯在舊金山舉行記者會時，公然宣布與馬可仕訣別。同時，暴露出馬可仕爲了維持權力發佈戒嚴令，以及後來所舉行的兩次選舉結果，全都是背後暗中操作的。

米哈雷斯斷然地說道：「一週後舉行的是否解除戒嚴令的選舉結果，一定會被人暗中操作，變成九成支持戒嚴令。」

後來，選舉結果眞的如他所說的達到百分之九十‧六。

此外，被召喚到美國衆議院的夫雷札分科會的米哈雷斯，面對夫雷札議員的質詢時說：「馬可仕想要收買我。」說出駭人聽聞的一句話。

馬可仕開設米哈雷斯和舊金山領事亞爾空塞爾的聯名戶頭，並且存入了五萬美元。如果米哈雷斯拒絕到美國衆議院作證的話，則由領事署名，五萬美元歸米哈雷斯所有。

史提夫經由律師之手，成功地得到了這個戶頭的影印本，當成收買的證據。

外國元首打算收買美國衆議院的證人，這是史無前例的事情。陷入窘境的馬可仕向總統輔佐官季辛吉哭泣，得到免訴處置才能夠脫離窘境。

但是，愚蠢的馬可仕後來又將收買的金額從五萬美元提高爲十萬美元，其條件就是米哈雷斯要離開美國，同時米哈雷斯必須放棄計劃的『馬可仕獨裁』一書的出版。

於是，米哈雷斯及史提夫等人訂立計劃，想要引誘馬可仕，將收買金額提高爲二十五萬美元，與馬可仕總統的輔佐官迪貝加取得聯絡。

一切準備工作結束之後，史提夫與FBI取得聯絡，請求當米哈雷斯打電話給馬可仕的時候，FBI的人員要在旁做證。雖然法律禁止FBI竊聽，但是卻可以當成證人，證實米哈雷斯的確和馬可仕談話了。

但是，季辛吉已經出面干預，於是FBI拒絕參與。這給與史提夫等反馬可仕派極大的打擊。雖然計劃失敗了，但是美國著名的專欄作家賈克·安德森卻報導了詳細的經過，成爲一大駭人聽聞事件。

當美國總統大選迫在眉睫的七六年秋天，馬可仕當然害怕米哈雷斯收買事件是否會在美國議會提出討論。

對於因爲水門事件而辭職後的尼克森的繼任者福特總統而言，重視人權問題的民主黨的候選人卡特佔優勢，因此馬可仕當然害怕。

在投票日一週前的十月二十七日，和米哈雷斯打電話的迪貝加輔佐官，被人發現他的屍體出現在馬可仕居住的馬拉卡尼安宮殿中。在卡特就任總統的兩週前的七七年一月七日，米哈雷斯在舊金山失蹤。同年六月，被拘留在馬尼拉的米哈雷斯的兒子被殺死，屍體在馬尼拉郊外被發現。

米哈雷斯到底是死是活，到現在還音訊渺茫。

黑尼·洛培斯脫逃計劃

只進行過幾次調查，頒佈戒嚴令過了四年以後，被懷疑參與暗殺馬可仕計劃，卻沒有任何的審判，使得黑尼·洛培斯的精神狀態達到了極限。

一九七六年九月的某一天，與在哈佛大學就讀時的同學，擔任黑尼電視臺臺長的朋友傑克洛培斯（與黑尼並沒有血緣關係）見面。以往從未哭泣的黑尼抱著他哭著說道：

「傑克，你幫幫我吧！」

傑克這四年來，知道黑尼受過什麼樣的待遇，而他自己也因爲被懷疑參與反馬可仕政權運動而下獄一年。既然是好朋友，當然決定救出黑尼，但是雖然發動了所有著名的律師，可是救他的方法除了逃獄之外，沒有其他的方法。而要逃獄，也只有利用可以回家的日子。在被幽禁了四年之後，黑尼等人在生日和聖誕節等私人或公開的慶祝日，可以在他人的監視下在自宅或母親家中住一晚。

爲了讓洛培斯能夠逃離宅邸，於是傑克和在美國的史提夫·西納基斯取得聯絡。

史提夫在洛培斯家購買了美國公司馬尼拉電力公司之前，就是技術人員，在電力公司工作，爲希臘後裔美國人。在電力公司被收購之後，他也以技術顧問受到洛培斯家的重用。

戒嚴令實施之前，他與洛培斯家最愛的女兒，著名的美女普蕾西相愛，可是沒有辦法與妻子達成離婚協議，於是不能夠再待在菲律賓，只好和她一起逃到出生的故鄉希臘，因此與洛培斯家幾乎是處於絕緣狀態。戒嚴令卻成了他們夫妻和父親尤黑尼歐的和解關鍵，夫妻後來移居到美國，在尤黑尼歐死去之前一直照顧他。

史提夫是畢業於費城大學的技術者，與其說他是技術者，還不如說他具有經營者的能力，深具魅力。

史提夫檢討黑尼逃出馬尼拉的方法，結果訂出了以下的計劃——利用雙發的噴射機先幫助他逃到菲律賓附近的帛琉島。帛琉島是美國託管的領域，因此，比香港或新加波更適合政治流亡。

史提夫和在拉斯維加斯的辛迪加取得聯絡，成功地與曾幫助中南美某國要人逃脫，展現實績的組織接觸。雙方談妥金額爲五十萬美元，頭期款付百分之五十，實行日再付二十萬美元，逃到馬尼拉之後再付餘額。

他們和美軍之間互有聯繫，因此，取得從夏威夷到馬尼拉爲止的美軍基地的離著陸的許可，成功率非常地高。但是當時洛培斯家所有的資產已經被馬可仕扣押，想要籌措五十萬美元實在是很辛苦的事情。結果，由一位親人偷偷地將寶石帶出馬尼拉，在美國賣掉了之後籌措到了資金。

完成了逃離洛培斯宅邸的管道，實行日決定在黑尼的生日。但是，令人困惑的事情是黑尼希望能夠和塞魯吉歐·歐斯梅尼亞（現參議院議員）一起逃走。

塞魯吉歐是馬可仕政敵自由黨首領歐斯梅尼亞的兒子，和黑尼·洛培斯同樣都是因為被懷疑參與『暗殺馬可仕計劃』而被逮捕、幽禁。四年的幽禁生活當中，他把歐斯梅尼亞當成弟弟一樣，而且熟知他家庭情況的黑尼非常擔心歐斯梅尼亞。他的兒子因為父親被逮捕的打擊而出現情緒障礙，在美國接受治療，因此需要父親前往。

馬可仕的政敵，逃亡到美國的歐斯梅尼亞的父親，曾經好幾次和馬可仕聯絡，請求他釋放兒子。

但是，馬可仕每一次的回答都是：「如果你的兒子不在自白書上簽名的話，我不會釋放他的！」

戲劇性的脫逃計劃

背負重責大任的傑克，必須要挖兩條隧道。因為在洛培斯宅邸要讓黑尼和歐斯梅尼亞在同一個房間裡是很不自然的事情，因此，將實行日變爲黑尼結婚紀念日二十五週年的七七年九月十六日。

兩條隧道終於完成了。

拉斯維加斯的辛迪加以航空用引擎的示範飛行爲藉口，取得了在馬尼拉以東到夏威夷爲止的美軍基地的離著陸許可。經由歐洲到達菲律賓，在馬尼拉附近的克拉克基地等待。

在實行日的前一天，史提夫接到了傑克的緊急電話：「立刻中止計劃。」已經進入讀秒階段的計劃居然要中止，史提夫當然感到非常錯愕，問他到底發生什麼事情。

「眞倒楣，在獄中的艾奎諾參議院議員的聲明文書被偸偸帶到國外，刊載在美國的報紙上，因此包括艾奎諾參議院議員在內，總統下令停止所有政治犯外出恩典」。

電話那頭傳來傑克意氣消沉的聲音，史提夫無言以對。走到這個地步已經花費了一年多的歲月、許多的勞力以及不少的費用。

而且，如果聯絡再遲一天的話，必須又要浪費二十五萬美元了。對當時的洛培斯家而言，要拿出五十萬美元都不是件簡單的事情，這可以算是不幸中的大幸。

總之，戒嚴令後的洛培斯家，好像被瘟神包圍一樣。

後來在美國的塞魯吉歐．歐斯梅尼亞夫人，在一場宴會中遇到一位自稱爲以前是飛行員的男性。談到他丈夫時，他說：

「也許我可以幫他逃走哦！」

夫人寫信給在獄中的丈夫塞魯吉歐時，說明這位男性在當時說了這句話。

從歐斯梅尼亞那兒聽到這番話的黑尼，經由傑克與史提夫取得聯絡。史提夫說：

「這位男子叫做魯賓，是以色列『六日戰爭』的飛行員，後來歸化爲美國籍。現在在銷售中古飛機，他說如果要逃走的話，可以雇用他當飛行員。」

通知黑尼，而史提夫自己判斷魯賓爲歷戰的勇士，應該具有成爲協助者的資質。要傑克到馬尼拉做實地調查，並且指示在馬尼拉調來脫逃用的飛機。

黑尼的兒子加比和拉菲到處找飛機，雖然有一些小型飛機，但是卻沒有六人座以上的中型飛機。如果要租借的話，還必須要附帶駕駛。

傑克把事情告訴來到馬尼拉的魯賓，同時說明自己所訂立的逃離菲律賓的計劃。借一輛中型機，利用安眠藥或氯仿迷昏飛行員，如果失敗的話，則用槍威脅飛行員啓動飛機，然後再由魯賓代爲操縱。

根據傑克等人的說法，因爲租飛機的話一定要連飛行員一起租借，而且又買不到飛機，只好使用這種方法。

關於逃走的路線和上一次相同。

「想到美國託管的帛琉去」。

他們認爲菲律賓的防空系統ＰＡＤＥＺ（Philippine Air Defense Zone）涵蓋臺灣與香港，但是菲律賓以東的帛琉則在ＰＡＤＥＺ的對象外，容易脫逃。

但是魯賓利用地圖調查從馬尼拉到帛琉的距離，發現駕駛的飛機如果不在中途加一次油的話，沒有辦法飛抵帛琉。因此，如果逃獄的話，不可能帶著囚犯直接降落機場加油。所以只好先飛到菲律賓附近的無人機場，把囚犯放下來，加油之後再飛到帛琉。

看地圖發現在明達納爾島的達巴歐市近郊的馬奇，正好有一個無人機場。

聽到魯賓回來說這番話之後，史提夫感到非常地驚訝，因爲認爲計劃太草率了。

「不管什麼理由，因爲已經是罪犯了，如果在達巴歐離著陸兩次，危險率很高。這的確是非常瘋狂的行爲。」

他不贊成傑克的脫逃計劃，因爲幫助犯人逃到國外是自己擔任總指揮的工作。因此讓傑克帶犯人從監獄脫逃，直到犯人到達機場爲止，都必須要選擇能夠平安無事到達的方法。

於是史提夫和魯賓一起到香港、新加坡去找飛機，但是沒有辦法發現與菲律賓具有同樣條件的飛機，結果只好到美國去調。幸好，

「有一架一九六六年六人座的塞斯納三二〇賣四萬七千美元。」

聽魯賓這麼說，於是以魯賓朋友的名義購買。接下來的問題則是如何將飛機運來。要請專門公司將飛機運到香港需要花七千美元，因此面臨了飛機的搬運問題。

然後是飛機如何飛到菲律賓？如何將犯人們從菲律賓帶走？史提夫所想到的方法是這樣的。——一位美國的有錢花花公子帶著女朋友進行漫遊東南亞旅行途中，會到達馬尼拉停留一週。兩人在決定行動的幾天前吵了一架，因爲這個理由，只有女朋友出國了。

先進行預演。魯賓帶著女朋友安琪兒再度到達菲律賓。這次的目的則是在馬尼拉附近找出能夠載運犯人的無人飛機場，在馬尼拉實際利用小型飛機進行離著陸的演習，確認其安全性。

加比等人調查後，發現在馬尼拉附近有兩座無人飛機場。其中一個是在巴坦加斯州的卡拉塔干，另外一處則是在林加安附近的小鎮達克龐。魯賓自己操縱小型飛機，調查

結果發現卡拉塔干的飛機場道路並未鋪設完成，中型機離著陸很危險。而達克龐的機場道路設備完善，而且接近南海，是最適合的地點。

於是，機場的問題解決了。

過境的盲點

最後的問題是逃離菲律賓之後，如何進入香港，再逃到美國呢？

史提夫想到的方法有以下三種：

①、在香港啓德機場著陸，向當局說明犯人們要進行政治逃亡。

②、準備好假護照，經由香港到達美國。

③、在接近香港海岸的海上著陸，游泳登陸。逃到美國大使館請求庇護。

不管是哪一種方法都有危險性。幾經辛苦逃離了菲律賓，卻因爲偷渡到香港而被逮捕，或是如果無法得到政治庇護的話，必須立刻被強行押回菲律賓。洛培斯家和歐斯梅尼亞家在菲律賓是著名人士，但是在香港卻是普通人。尤其是使用假護照，無疑是自殺行爲。

史提夫和妻子普蕾西不停地商量，如何能讓黑尼等人平安無事進入香港，然後到達美國。史提夫為了找飛機而到香港去，和對香港熟悉的朋友商量，檢討香港的機場系統、通關的系統等。結果，突然有一個好的構想，而且初步認為有成功的可能性。也就是說，如果經由東京到美國的話就沒問題了。

史提夫注意到的是，稱為過境室的通過機場旅客用的候機室。只要進入此處，就不需要檢查護照了，只要有登機證，沒有護照也能夠登機。

詳細調查過境室後，發現有三條路可以進入裡面。

①、將伸縮自如的舷梯直接掛在飛機上，從那兒走進候機室。

②、從飛機上走下舷梯，搭乘巴士進入候機室。

③、從飛機上走下舷梯，走路進入候機室。

因此，從菲律賓搭乘中型飛機到達香港的囚犯們，參雜在其他飛機的乘客中，就可以輕易地進入候機室，而且接受管制室的正規誘導，堂而皇之地進入候機室。因為除了香港以外，進入候機室的乘客全都要接受各國的出國審查。

接下來就是如何將登機證交給在候機室等待的囚犯們。他們想到的方法就是團體旅客在櫃臺入關時，不會一一對照護照的盲點。所以，史提夫只要從美國將家人或朋友的護照帶到香港去，用護照購買機票，而為了取得登機證所辦理的入關手續，原則上航空公司是不會對照出入國，因此就可以得到登機證，直接到候機室，將登機證交給等待的囚犯們。

史提夫打從心底喝采。因爲已經建立了一套完整的脫逃計劃。等到一切開始行動以後，他只要到香港的候機室去就可以了。

完美演出

馬可仕將黑尼的「馬可仕暗殺計劃」的審判暫時擱置不管，而只進行洛培斯電視臺歸屬問題的審判。因此，傑克和黑尼在法庭討論脫逃的計劃，決定在九月二十九日星期四的早上進行。歸屬問題的審判都會在每個星期三的早上一直審判到半夜爲止，所以就算在星期四假裝睡到中午，別人也不會覺得奇怪。

就這樣決定了Ｄ日。但是，從美國飛到關島的飛機，因爲太平洋上發生颱風而無法起飛，於是史提夫的飛機到達香港是在Ｄ日的三天前，也就是九月二十六日。

第二天二十七日早上，魯賓和他的女朋友安琪兒搭乘飛機，來到滑行跑道，打算從香港啓德機場飛向馬尼拉時，從管制塔傳來通告：「自用飛機的離陸是在下午四點以後。」因此無法起飛，原定上午到達馬尼拉的路程延後了半天。

於是，將行動日更改為三十日的黎明，安琪兒在二十八日為了避免慌張出國令人起疑，於是以母親的急病為理由，說明自己必須要返回香港。因為為了購買黑尼等人的機票，必須要護照。

史提夫用她和家人的護照購買了黑尼、塞魯吉歐・歐斯梅尼亞、傑克、加比、拉菲等人的機票，二十九日夜晚在入關時為了避免遭受懷疑，於是在行李箱中塞了報紙、枕頭、床單等六人份的行李。

三十日早晨，在可以看到飛機場的餐廳中，史提夫等待魯賓所操縱的飛機到來。飛機在十時四十分著陸。小型汽車將飛機誘導到停機坪，黑尼等六人從機內下來，確認他們已經被帶到候機室之後，史提夫走向JAL的櫃臺。還有將近兩個小時才可以入關，但是利用家人和安琪兒的護照及機票，正如他所預測的，輕易地就得到了二時五十分起飛的JAL六二班次的五人份登機證。

不知道這件事情的黑尼五個人，在候機室引領企盼。如果得不到登機證的話，他們就沒有辦法從機場自由地到國外去，好像被關在候機室一樣。

〈如果不像史提夫所計劃地那樣幸運的話，就會變成是偷渡，只好被送還本國，則以往的辛勞都化為泡影了〉

在JAL出發的一小時前，史提夫進入了候機室。

他們分享闊別八年再會的喜悅，同時互相祝賀這個歷經兩年、進行兩次的脫逃計劃成功。只希望能夠平安無事地到達美國，那一切就沒有問題了。

搭載一群人的JAL機進入東京時，聽到播音員說道由於JAL幾天前曾被劫機，因此命令全部乘客在東京下飛機，由當局在候機室比對全員的護照才能放行。聽到這個說明時，史提夫等六人臉色發青，這是大家都沒有預料到的突發狀況，即使是謹慎的史提夫也不知該如何應對。

當時，日本是福田首相的時代，據說與馬可仕總統有親密的關係。如果在日本被視爲偸渡者遭到逮捕的話，一定會被強制送回本國。

史提夫認爲萬事休矣，但是他的頭腦不停地運轉，開始想出應對的方法。

他叫大家蓋上毛毯裝睡，然後叫喚空服員過來。冷靜地詢問：「大家長途旅行很累了，可不可以在東京的機內等候呢？」

空服員和機長商量之後，回來說道：「可以留在機內。」

得到了許可。這是因爲脫逃計劃延遲一天所造成的結果，但是，還是必須要加以處理。

問題是在東京要如何應對呢？

史提夫指示一行人繼續裝睡。飛機按照一定的行程到達了東京的成田機場。除了史提夫等人以外，其他的人都朝著候機室移動。

在機長要求向出入國管理官進入機內，史提夫若無其事地走向管理官，把自己的護照交給他說道：「我的家人在機長同意之下在飛機上休息，因爲長途旅行非常地疲累，盡可能不要吵醒他們……。」

管理官看乘客名簿確認家族姓名之後，把護照還給他說道：「謝謝！」

如果管理官要求看家人的護照的話，管理官一定會嚇一跳，因爲護照全都是兒童和女性的護照。

在洛杉機的入境沒有什麼問題。

史提夫事前對於這齣逃獄劇，曾經向美國國務院負責菲律賓事務的班傑明·富雷克打了啞謎。而他和國務院的幹部賀爾布爾克，以及幾年前死去的馬可仕逃亡時的美國特使哈比布都熟。

他和一行人一起排隊接受檢查，輪到他的時候，女性管理官把他的護照交給他時，他以嚴肅的表情說道：

「管理官，我有一點問題。事實上，跟在我身後的五個人是剛從菲律賓的監獄逃獄出來的，他們沒有護照。」

聽到逃獄，管理官嚇了一跳，同時也向其他的乘客告知這件事情，當場秩序大亂。而史提夫看到這種情形，對黑尼等人眨眨眼睛。

被帶到管理官室以後，史提夫告訴對方國務院富雷克的家中電話號碼。他們就這樣在逃離洛培斯宅邸三十三小時以後，成功地逃亡到美國。時間是一九七七年十月一日星期六。

諷刺的是，當時包括伊美黛在內，國防大臣安里雷等重要官員爲了參加聯合國總會，從菲律賓來到紐約。等到國務院的哈比布告知逃獄事件時，菲律賓方面還沒有察覺到這一件事情。

這場逃獄劇，可以說是史提夫的完美演出。

第3章 從暗殺艾奎諾到艾德沙革命

——馬可仕王朝的瓦解——

「甘地先生」的抵抗

七〇年代後半期，美國的反馬可仕運動已向美國議會投訴馬可仕的暴政、腐敗，給與馬可仕政權施加壓力的穩健派，與史提夫等直接向馬可仕政權挑釁的激進派的活動，發揮兩面作戰的機能，動搖馬可仕政權。

穩健派的領導者現任參議院議員沙尼．亞伯雷斯，他是呂宋北部伊沙貝拉的有力者的兒子，從在菲律賓大學就讀的學生時代開始，就是反馬可仕運動的領導者之一，因此在戒嚴令後逃亡到美國。當初，可能是經濟上有困難吧！雖然到哈佛大學就學，可是卻仍然從事反馬可仕運動。當見到他的母親看到兒子的生活環境非常地悲慘，感到很驚訝，交給他五萬美元當做生活費，使事情有了轉機。

亞伯雷斯得到這五萬美元之後，和猶太後裔美國人攜手合作，以紐約為中心，開了菲律賓料理的連鎖店。根據亞伯雷斯說，他的伙伴是一位很有眼光的男子，在河岸大量批發魚，將單價八十分的魚做好之後，可以賣到十美元以上。據說當時的收入比現在當參議員的收入更豐碩。

後來他利用從事業得到的收益，以及將權利賣給伙伴，用資金在紐約買了租借的大廈，剩餘的錢當成反馬可仕運動的資金，在全美展開大規模的合法反馬可仕運動。

他之所以選擇紐約，就是因爲政府所在地的華盛頓就在附近。

他爲了阻止美國援助馬可仕，因此積極地會見美國的參議院、衆議院議員，告知菲律賓的實際狀況。根據他說，他曾經請前自民黨議員石原愼太郎幫忙，不要讓日本幫助馬可仕。

亞伯雷斯逃亡之後，馬可仕挖出他弟弟的眼睛、割掉耳朵及舌頭，並將其殺害棄屍街角。因此，亞伯雷斯的父親非常傷心，心臟痲痺而死去。儘管如此，亞伯雷斯與史提夫等激進派展現不同的行動，就是因爲美國議員們對暴力非常地敏感，如果有任何與破壞工作有關的情形發生，不論理由是什麼，恐怕都得不到美國議會的協助了。

因此，亞伯雷斯被稱爲「甘地先生」。

參議院議員艾奎諾成爲反馬可仕的領導者

另外一方面，史提夫等激進派與菲律賓國內反馬可仕運動攜手合作，展開活動。

菲律賓的反馬可仕運動經過了雷秋克和米哈雷斯之後，由畢業於哈佛大學的商業精英艾德華・歐拉佳將其組織化。他建立地下組織「點燈運動」，在無人居住的大樓中安置炸彈。而「點燈運動」的支持者也會於夜晚在大樓插上火把，表明反對馬可仕獨裁。

史提夫與經常到美國來做生意的歐拉佳有所接觸，因此，知道他並不是馬可仕利用御用報宣稱的「點燈運動」的首領，但是事實上具有共鬥關係。

在舊金山將歐拉佳被逮捕的關鍵者班．里姆介紹給史提夫的也是歐拉佳。

里姆在菲律賓，是在波音公司工作過的超過六十歲的技術人員，不久後領退休金退休。他有心臟病的毛病，當時必須經常攜帶藥物。

他經常感嘆地說：「如果沒有這些藥物的話，兩三天內就會死去。」

所以，史提夫對於里姆有所瞭解，可是兩人之間並沒有深交。

里姆退休後在一九七九年十二月回鄉。到達馬尼拉機場領取行李的時候，發現行李弄丟了，因此他向航空公司抱怨，而負責人則說：

「應該會隨著下一班飛機送來，明天你再來問問看。」

但是，第二天當里姆再度前去時，接到馬可仕指示的軍人在機場等待著他，宣稱在遺失的行李中發現了爆裂物，於是將他逮捕。軍人似乎熟知里姆的弱點，逮捕里姆之後就拿走他的藥，逼他自白。

里姆說史提夫是爆裂物的提供者，並且在僞造的自白書上簽名。僞造自白書上的內容，是指在亞歷桑納沙漠訓練暗殺馬可仕的部隊。一切都告白之後，勉強他在自白書上簽名，才把藥給他。他在一九八〇年五月二十日死去。

根據他的自白，包括歐拉佳在內的「點燈運動」的成員全都被逮捕，使反馬可仕運動暫時瓦解。

爲了破壞在美國的反馬可仕運動，認爲所有的反馬可仕運動的主謀者，都是幫助黑尼和歐斯梅尼亞逃獄的史提夫所做的，於是請求美國方面逮捕史提夫，但是卡特政權卻不答應。

當時，被關在波尼法西歐基地的參議院議員艾奎諾的健康狀況非常地差，於是軍醫對馬可仕說：「要趕緊送到美國動心臟手術，否則的話會死去。」

並且保證說：「即使在美國動手術，以後也沒有辦法從事政治活動了。」

如果艾奎諾在被關起來的時候死去的話，在國際上可能會遭受到各國的責難，尤其是來自美方的責難。因此，馬可仕「基於人道的立場」，要他在手術後立刻歸國，同時附帶條件，要艾奎諾在美國不可以做任何的政治發言，才允許艾奎諾出國。

一九八〇年五月，到達美國在貝洛醫學中心動心臟手術的艾奎諾，違反了馬可仕的期待，奇蹟似地復原，幾個月以後能夠正常地生活，而且與許多反馬可仕陣營的人見面，才知道自己被幽禁時，馬可仕陣壓人民的手段非常殘酷。同年八月四日，違反和馬可仕之間的約定，宣布要在美國從事政治活動。從此以後，在美國的反馬可仕運動完全以艾奎諾和史提夫爲主而統一化。

這項宣言增強了在菲律賓的反馬可仕陣營的餘黨勢力。

他們抗議馬可仕在四月七日所舉行的不正當選舉，成立「四月六日解放運動「The April 6th Liberation Movement」，簡稱A6LM的新組織。八月二十二日在九處大樓同時發生了爆炸事件。

他們爲什麼不命名爲「A7LM」而命名爲「A6LM」呢？關於這一點，有一個有趣的傳說。馬可仕在律師的國家考試得到了最高分，到現在爲止沒有人打破他的記錄，雖然他頭腦很聰明，但是他卻是一個非常迷信的人，他特別在意七這個數字，對他而言最重要的事物幾乎都是與七有關的數字。因此爲了破除迷信，這個組織採用「A6LM」爲代號。

如果要談到宿命的話，那麼洛培斯的當家主人尤黑尼歐認爲13這個數字是他的幸運數字，他在洛培斯大樓的辦公室就是在十三樓。

史提夫最近坦白對我說，這個地下組織「A6LM」的領導者之一，被逮捕的人是艾迪歐拉家的哥哥安東尼。安東尼的妹妹負責在美國與史提夫等人聯絡，將許多關於馬可仕的秘密文件提供給史提夫等人，其中也有關於馬可仕蓄財的證據文件。

即使在馬可仕身邊的親人，也有「A6LM」的協助者出現。

伊美黛＝史提夫會談

伊美黛成功地邀請美國旅行協會總會，在她所完成的超摩登菲律賓國際會議中心舉行會議，決定在八〇年十月十九日召開會議。有來自美國的四千名代表出席，由馬可仕進行開場演說。

而「A6LM」在九月二十五日向美國旅行協會的會長提出請願書，說明爲了幫助因馬可仕暴政而痛苦的菲律賓國民，希望他們不要參加由馬可仕所企劃的總會。但是總會在菲律賓政府的保證之下，還是決定舉行。於是「A6LM」從八月到十月至少在三十棟大樓引爆炸彈，有六十多人受傷。

總會按照預定的行程舉行了，馬可仕在開場的演講中說：「各位在美國曾經聽說過『菲律賓在戒嚴令下，示威遊行、虐殺、綁架、殺人、放火橫行』。但是，這些不穩份子全都被逮捕，他們現在得在牢獄中幻想這些事情了。」

一番幽默的話搏得了滿堂采，幾分鐘以後，距離他座位後方的數公尺處發生了炸彈爆炸事件，引起整個會場的騷動。這個消息傳遍全世界，使得馬可仕在治安方面的權威完全喪失。

同時，「A6LM」還預告「明年（一九八一年）要加害預定到菲律賓的日本首相鈴木」。

即使做好萬全警戒工作的美國旅行協會總會，馬可仕在維持治安上卻遭遇了失敗，因此馬可仕夫妻當然會心生恐懼。由於鈴木首相一群人不可能只待在宮殿裡，所以要用數倍的警衛來加以保護，非常地困難。如果鈴木首相一群人發生意外事故的話，那麼菲律賓恐怕會在世界上被除名。

於是，伊美黛為了強化與後來成為總統的雷根之間的關係，因此，會見在美國的反馬可仕陣營的領導者，決心和他們和解、交涉。

同年十二月中旬，伊美黛在紐約最高級的飯店招待尼克森和包括麥克阿瑟夫人在內的共和黨的大老們，展開伊美黛外交。

後來個別會見了反馬可仕運動的領導者艾奎諾、史提夫、亞伯雷斯三人，據說會見的時間合計長達十一個小時，由此可知，馬可仕對這次的會見也非常重視。

最初會見的是參議院議員艾奎諾，會談是在十二月十六日下午兩點開始進行的，會談目的之一就是「希望能和史提夫會談」。

艾奎諾很驚訝地對伊美黛說道：「考慮到馬可仕和洛培斯之間的紛爭，這件事可能太牽強了。」

但是，伊美黛對於反馬可仕派有他們的一套，她對艾奎諾說道：「聽說史提夫想要暗殺在美國的愛子彭彭，所以身為母親的我當然想見史提夫。」

史提夫聽到這番話以後，因為他從來沒想過要暗殺彭彭，而且認為現階段如果和馬可仕和解，只有對方能取得利益，對自己來說沒有任何好處，因此加以拒絕。但是，伊美黛還是請求艾奎諾說：「我想見史提夫。」

史提夫最後還是心不甘情不願地與伊美黛會談。

會談焦點在於恐怖活動的問題。史提夫幫助黑尼逃獄之後，在馬尼拉連續發生了炸彈爆炸事件，伊美黛堅信史提夫是這些事件的主謀者，而且她自己在一九七二年曾經有被暗殺者以短刀刺殺的經驗，同時聽到在馬尼拉遍布的傳聞「史提夫要拿彭彭來進行血祭」，所以產生相當大的危機感。

伊美黛一方面威脅史提夫，一方面進行交涉地說道：「如果我們馬可仕這邊有一個人被殺的話，則待在馬尼拉的黑尼的母親或弟弟奧斯卡將會被逮捕下獄。」

「如果你們能夠停止暗殺彭彭計劃，以及在菲律賓的恐怖活動行爲的話，我們就會解除戒嚴令。」

在會談中偶然談起失蹤的米哈雷斯，當時伊美黛對於米哈雷斯的描述是用過去式來敘述。史提夫想起米哈雷斯的失蹤日是一月七日，因此確定這是馬可仕所做的事情。會談拖了五個小時，雙方終於達成了和解，條件就是反馬可仕陣營派遣特使到菲律賓，告知「A6LM」暫時停戰。另外一方面，馬可仕則保障特使的安全，而和解的證明之一就是馬可仕立刻公布停止戒嚴令。

「停止戒嚴令」。

只要馬可仕能說出這句話，對於反馬可仕陣營而言就是一大成功了。

此外，對於馬可仕陣營而言，展現菲律賓邁向民主化的第一步姿態，可當成對於明年成爲總統的雷根的最佳獻禮。這一場交易中，雙方都沒有損失，於是選在有馬可仕所喜歡的數字七在內的一九八一年一月十七日，對菲律賓國民公布解除八年來的戒嚴令。

同月末爲了鮮明地展現民主化的態度，馬可仕在新聞上發表「五月進行總統大選，參議院議員艾奎諾也可以參加選舉」。

但是第二天卻派密使到艾奎諾那兒去，下達通告說道：「如果你因爲選舉活動而歸國的話，我們會逮捕你。」

而伊美黛代理人又對史提夫說：「由貝爾參謀總長所代表的菲律賓軍部，不答應與『A6LM』和解。」

於是一個半月的和解到此破裂。馬可仕政權已經不再是光靠馬可仕夫妻的意思就可以能夠決定的機構了。

而且一切事態正如馬可仕方面所預料的順利進展，與雷根政權的契合度加深了。

過去十年來，由共和黨所代表的美國外交基本方針，是與美國互助合作，反對共產主義的政權，即使在國內犯罪，美國也會默認，始終保持一貫的支持態度。像尼加拉瓜的索莫沙和巴拿馬的諾里艾加政權就是最好的例子。即使對伊拉克的海珊，在波斯灣戰爭之前，還表明支持他與伊朗的對抗。

因此，雷根應馬可仕的要求，阻礙在美國的反馬可仕運動。

暗殺艾奎諾

一九八三年八月二十一日下午一點過後，中華航空八一一班次飛機載著美國及日本的媒體記者及前參議院議員艾奎諾一行人，由臺北出發到達馬尼拉機場。

聽到機內播放：「礙於警備當局的要求，請暫時待在機內。」

過了十分鐘以後，穿著卡其色制服的三名男子登上飛機，發現艾奎諾之後，好像保護艾奎諾似地圍住他走向入口。這些當然都成爲媒體追逐的焦點，攝影機不斷地閃動著，電視臺的攝影師追在他們身後走去，但是卻被阻止在入口的大門處。幾秒鐘之後，聽到一聲槍響。接著幾秒鐘之後，又聽到了數聲槍響。

最初的一聲槍響是艾奎諾走下舷梯時，擊中他後腦的槍聲，後來的幾聲槍響則是空軍航空警備隊攻擊犯人的槍聲。

雖然伊美黛和國防部長安里雷曾經警告過艾奎諾：「如果歸國的話，我不能保證你的性命。」

但是，爲什麼艾奎諾還是要回國呢？

有人這麼說：「手術後覺得心臟暫時惡化，覺得自己性命所剩無多的艾奎諾，抱持著會被殺的覺悟之心而歸國。」

的確，在菲律賓包括被西班牙人處刑的英雄賀塞．里沙爾在內，成爲革命殉教者的英雄很多，也許像艾奎諾這樣的人，心中或多或少都有這種希望死了以後能成爲英雄的

「求死願望」吧！但是，艾奎諾的夢想不是希望成爲死的英雄，而是希望能夠代替馬可仕成爲總統。

根據與艾奎諾同行進入菲律賓的若宮清所寫的『可拉森．艾奎諾 從奮鬥到愛』一書中，敘述艾奎諾接到馬可仕病危的情報。而如果馬可仕眞的病危的話，他就打算歸國。後來接到國際電話說「馬可仕很健康」，於是八月十三日從美國出發，先到臺灣。從臺北出發要飛往菲律賓的這天早上，在早餐之後，關於菲律賓的現狀他這麼說：

「根據我所得到的情報，參謀總長貝爾完全支持伊美黛成爲馬可仕的後繼者。國防部長安里雷已經失去實權，每一家銀行都在他的掌握之下。甚至得到情報顯示，連參謀次長羅慕斯都支持伊美黛。

但是，伊美黛沒有察覺到自己是月亮。月亮只有在太陽閃耀光輝的時候才有光輝，太陽消失的話，月亮也會失去光芒。而且他不像阿根廷的伊沙貝拉．培倫那樣擁有人望。如果馬可仕出事的話，就算伊美黛能夠成爲繼承者，但是一年半載後就會被趕走，然後就由軍人執政，菲律賓就大亂了。

也許你會覺得我的想法很天眞，但是爲了要和民主主義復活，我必須要和馬可仕談談。」

總之，艾奎諾雖然知道暗殺計劃，但是他得到情報確信馬可仕很健康，因此決定回菲律賓。

那麼，到底是誰派人暗殺艾奎諾的呢？是馬可仕嗎？

馬可仕最初所成立的艾奎諾暗沙調查委員會，從委員長最高裁判長斐南迪，到前最高法官的四名委員，全都是馬可仕派的。因此基於在野黨的反對全部辭職，在美國的壓力之下，在八三年十月由各界任命新的委員。由前控訴法官可拉森．亞克拉瓦女士擔任委員長，就是所謂的亞克拉瓦委員會。

包括實業家丹提．桑德斯、勞工組織顧問亞尼斯特．海雷拉、律師魯夏諾．沙拉札、教育家阿馬德．迪森五人所組成。

一年後的調查結果，由於與馬可仕在菲律賓大學是同學的亞克拉瓦女士和桑德斯四位委員的意見對立，因此向馬可仕提出兩份報告書。

八四年十月二十三日提出的亞克拉瓦女士的報告書中，指出實行者是帶走艾奎諾的士兵六人，和空軍航空警備隊司令官克斯特迪歐。但是，否認與馬可仕的左右手參謀總長貝爾有關。而在第二天提出的桑德斯四人的報告書中則說，包括克斯特迪歐等七人在內的軍人二十五人，以及一位民間人士爲執行者，克斯特迪歐爲暗殺的指揮者，事後的隱蔽工作則與參謀總長貝爾和首都警察軍司令官歐里巴斯有關。

當然，指出貝爾爲幕後主使者的桑德斯等四位委員，被國民譽爲『有勇氣的四戰士』，而拍手喝采。

桑德斯等人的報告書中，並沒有談及馬可仕與暗殺艾奎諾是否有關，但是實際情形又如何呢？

史提夫和艾奎諾派的人直到現在仍然相信，馬可仕與暗殺艾奎諾有直接的關係。其證明就是參謀總長貝爾只不過是馬可仕操縱的傀儡罷了，不可能單獨做出暗殺艾奎諾這麼大的事情來。貝爾將軍的確是馬可仕操縱的傀儡，但是，根據接下來所叙述的我所得到的狀況證據顯示，此事似乎與馬可仕無關。

與馬可仕無關的狀況證據

伊美黛的外甥，我的朋友貝布·洛姆亞爾迪斯的哥哥，當時是菲律賓大學醫學部的教授，是馬可仕的侍醫之一。

根據他的診斷，馬可仕的病是沒有有效治療法的膠原病。臉浮腫、長出斑點是膠原病特有的症狀，同時也傳說馬可仕在進行腎臟移殖。而這個傳聞最近在「移殖兒子彭彭的腎臟」，與馬可仕親信之一在書中所寫的一樣，彭彭自己也承認了這個事實。

艾奎諾決定歸國時，馬可仕的病情已經相當惡化，意識昏迷或是接近昏迷的狀態。

在這種狀況下，接到艾奎諾歸國的情報，伊美黛和貝爾當然會陷入恐慌狀態，這也是無可厚非之事。艾奎諾具有與馬可仕相匹敵的群衆魅力，同時還有出生於名門的馬可仕所不具有的親和力。伊美黛知道在馬可仕死後自己無法對抗艾奎諾，而她最害怕的事情就是─艾奎諾歸國、馬可仕病死這個最惡劣的情節，事實上，因爲馬可仕的病情惡化，而逐漸在實現中。

另外一方面，對於艾奎諾而言，被幽禁、逃亡十年了以上，沒有出現在菲律賓國民的面前，深怕國民遺忘了他這位政治家，而且傳說馬可仕無法執政，由伊美黛代替，馬可仕成爲臨時總統，因此，在菲律賓的艾奎諾派有力者希望他歸國。因爲有這些情形，所以艾奎諾對自己這次的歸國不管事情的進展如何，對他而言都是最後的機會了。

黑尼邀請他逃獄的時候，艾奎諾不同意，因爲他知道如果他逃獄的話，在馬可仕掌握政權的期間他就無法歸國。

事實上，逃亡之後因爲懷鄉而歸國的反馬可仕派人士全都被逮捕了。

艾奎諾歸國時，馬可仕剛動過第二次的手術，據說已經陷入昏睡狀態中。總之，在馬可仕無法統治的短時間空白期間，倒楣的艾奎諾決定歸國。

感到驚訝的是伊美黛和參謀總長貝爾。因爲只要陷入昏睡狀態的馬可仕死掉的話，艾奎諾有可能會掌握政權，因此，他們就會從權力寶座上被趕走。

伊美黛等人陷入恐慌狀態中。根據他們的說法是爲了要『正當防衛』，只好在白天衆目睽睽之下強行暗殺，進行這種不管任何人看起來都會覺得非常愚蠢的暴行。

暗殺艾奎諾的時候，當時身在東京的我也感到非常驚訝，趕緊飛到馬尼拉，詢問貝布・洛姆亞爾迪斯眞相。

「以前我曾經見過總統好幾次，但是，我從來沒有像這次見到馬可仕這種震驚的樣子。」

這就是他的回答。根據馬可仕的親信說，恢復意識的馬可仕知道艾奎諾被暗殺之後，甚至把餐具丟向伊美黛。所以，對馬可仕而言，這根本就是想都沒想過的事態。

就好像馬可仕被女子的淺薄見識，以及貝爾將軍對馬可仕的愚忠逼到毀滅之路上。正如同克林姆林宮內權力鬥爭，使得有七十七年歷史的共產黨解體一樣，馬可仕政權也因爲內部的權力鬥爭而瓦解。

艾德沙革命的幕後主使者是CIA

暗殺艾奎諾事件使得馬可仕政權陷入窘境。

外界對於馬可仕政權的批判升高，不只是財界人士及商業界而已，在一九八四年國防部長安里雷的參謀之一，賀納森上校在軍部內結成要求廢止高官優惠待遇、去除軍部上層部的不正、強化規律等的國軍改革運動（RAM），使馬可仕政權從內側開始動搖。同時，雷根政權也放棄了馬可仕，施加強大的壓力，希望菲律賓邁入民主化。

而馬可仕起死回生的一手，就是在八五年十一月發表要實施總統選舉。總統選舉在翌年八六年二月七日舉行。

反馬可仕方面擁立民主在野黨聯合的總統候選人可拉森．艾奎諾夫人，成立「納姆菲爾」（自由選舉的市民運動）選舉監視組織。納姆菲爾是在CIA的扶持之下成立的組織，資金由CIA提供給教會，教會中大多是天主教名校亞提尼歐大學的畢業生。

美國爲了使他國政治能夠配合自己的行動，因此從一九五〇年代初期，就建立過很多這一類的系統。國務院方面對於菲律賓問題所進行的抗爭中，由國防總部獲勝，決定放棄馬可仕，使這個系統眞正開始運作。

爲了監視選舉，各大媒體爭相進入馬尼拉，牽制馬可仕方面的行動。投票結束開票時，納姆菲爾根據送達各地區開票場的監視團的報告累計得票數，比選舉委員會的正式發表結果早一步宣布。

兩者開票的結果產生了很大的差距，納姆菲爾說艾奎諾夫人獲勝，而選舉委員會說馬可仕獲勝。到了二月十五日，馬可仕發表當選宣言，但是一週後的同月二十二日，國防部長安里雷反叛，與參謀次長羅慕斯各自佔領了亞基納爾德基地以及克拉梅基地。而樞機主教透過廣播電臺，請求市民支援他們。

「各位市民，請你們祈禱吧！除了祈禱以外無法解決這個問題。我們對於羅慕斯將軍和安里雷大臣的遭遇深表痛心。希望各位市民能夠一起來支持這兩位朋友，請到亞納基爾德基地去。在這個殘酷的時候，讓衆人瞭解他們和你們之間的聯繫。我們兩位好朋友展示了他們的理想，如果大家能夠幫助這兩人的話，我覺得這是非常幸福的事情。流血是無可避免的。向聖瑪利亞祈禱吧！」

在樞機主教的的呼籲之下，不斷湧向艾德沙大街的市民們築起路障，與出動的馬可仕軍隊的戰車對峙。但是，馬可仕的士兵並沒有開砲。同月二十五日夜晚，馬可仕夫妻、參謀總長貝爾等人搭乘美軍直昇機逃離了馬拉卡尼安宮殿，逃亡到美國。從此誕生了艾奎諾政權。

國防部長安里雷的企圖

國防部長安里雷和參謀次長羅慕斯打起反抗旗幟，是因爲馬可仕政權內的權力鬥爭，而總統選舉只不過是關鍵而已。

在馬可仕當選總統時，參謀總長貝爾從護衛兼駕駛被提拔爲馬拉卡尼宮殿的警護隊長。這個地位看起來不大，但是即使是政府要人要謁見馬可仕，也必須得到貝爾的許可，所以可以算是準閣僚級的地位。

貝爾擔任警護隊長之後，原本只有百人的警護隊不斷地增員，主要由出生於伊洛克斯州的六千名精銳部隊組織成總統警護司令部，三個兒子從長子開始依序擔任上校、中校、少校的職務，而主要的職務都任命伊洛克斯州的出身者或親戚擔任。

國軍的重要職務全都由與自己有關的伊洛克斯州出身者擔任，同時將情報組織總部國家情報公安廳納入傘下，就這樣將國軍三分，形成與國防部長安里雷、國家警察軍長官羅慕斯對抗的勢力。

結果，國防預算以及來自美國年間將近一億美元的軍事援助，並不是用在共產黨游擊隊的對策上，主要都進入了貝爾一派的口袋中。

此外，據說對於來自婆羅州和香港的海上走私的通行費及美元黑市操作等，全都由貝爾派的軍人所支配。而其他特定的軍隊首腦，則可以得到木材砍伐權及礦山開採權。

對於貝爾派的專橫，羅慕斯一直忍耐。此外，馬可仕在八一年忽略了對軍人而言最重要的階級晉昇的問題，將貝爾昇格為上將，擔任參謀總長，任命羅慕斯為次長，使得這位馬可仕的姻親，畢業於美國西點軍校的優秀份子羅慕斯的自尊心受損。身為國家警察軍長官的羅慕斯成為參謀次長，看起來好像是升職，但是實際上卻納入貝爾的管轄之下，對於以往是武官最高階級的羅慕斯而言，無疑是被降級了。

因此，當國防部長安里雷邀請羅慕斯反抗馬可仕的時候，與其說羅慕斯是為了反抗馬可仕，還不如說是為了對抗貝爾而答應與他攜手合作。

令人不解的，是利用軍力在椰子和木材上謀取暴利的國防部長安里雷的行動。

在一九七六年，史提夫和安里雷的特使曾經在美國三次商量如何推翻馬可仕政權。史提夫當時不告訴我這個特使的名字，他說：

「如果知道的話，你會嚇一跳。」

我想當時安里雷一定認為史提夫是ＣＩＡ的代理人，因此，派遣特使到他那裡去。

當時相信史提夫是CIA的代理人，是因爲他幫助大舅子黑尼和傑克逃到美國的幾年內，到史提夫接受了一些FBI指示的一些阻礙工作爲止，他一直被視爲是CIA的代理人。

當時與特使會談的要旨，就是希望在CIA的領導之下反馬可仕派，使馬可仕失勢，而安里雷實施臨時政權，六個月後舉行自由選舉。根本就是鷸蚌相爭，漁翁得利的做法，因此，直到現在史提夫還認爲安里雷是「馬可仕的幕僚當中，最無恥的人」。

安里雷的計劃與失敗

艾德沙革命點燃了馬可仕政權內的權力鬥爭之火。

事件的開始，是安里雷命令他稱爲「我的孩子們」的賀納森上校和卡普南中校等人，成立政變計劃。

他們去拜訪安里雷，提出打算組成敢死隊，個別攻擊馬拉卡尼亞宮殿、掃除貝爾派、逮捕或殺害馬可仕的計劃，而安里雷則說：「讓我考慮一週吧！」

而一週後，他面對這些青年將校說道：「馬可仕是我的老師，我不忍背叛他，但是我覺得還是應該以國益爲優先考慮，不能夠注重私人感情。」

發表了一段演說，讓青年將校們非常地感動。事實上，青年將校們也是被安里雷的野心所利用、操縱著。

於是進行計劃。但是，知道賀納森政變計劃的總統警護司令部的幹部將校之一，卻背叛了他們。在預定反叛的一週前，將事情告訴貝爾的兒子亞文上校。因此，為了入侵宮殿事先進入宮殿的幹部將校，在政變實行日的兩天前一九八六年二月二十一日，全都遭到逮捕。他們也向亞文上校供出了一切。

不知道事情始末的安里雷，與CIA取得聯絡，和選舉剛過後美國派遣到菲律賓的哈比布美國特使會談。

「我自己打算離開內閣。」

放出廣告氣球。當時，美國認為安里雷是馬可仕的繼任者，不僅對於在菲律賓的美軍基地問題，以及克里·艾奎諾對於共產勢力的想法感到懷疑，而且對於她的統治能力也有一些否定的意見出現。

安里雷的政治構想，是結成由軍部和文民所組成的軍民委員會，命令安里雷、羅慕斯、艾奎諾夫人、樞機主教及幾位財政界的名人擔任委員。由於總統大選是在六個月後舉行，因此與十年前安里雷特使和史提夫所說的完全相同。

從賀納森那兒知道政變計劃失敗時，安里雷接下來想到的就是埋藏了十年之久，想要成爲總統的野心不能讓國民發現。因此說：「爲了保護民主主義，決定奮起。」希望得到國民的支持。而且，打了三通重要的電話，第一通電話打給美國大使波斯瓦斯，第二通打給日本大使角谷，最後一通電話打給樞機主教。

安里雷打電話給兩位大使是因爲害怕被虐殺，請求美日兩國介入菲律賓的政治。對樞機主教則說：「馬可仕想殺我。」而向他求救。

後來羅慕斯也打電話給樞機主教，請他呼籲國民一同奮起，所以樞機主教才透過廣播電台呼籲市民。

安里雷在聚集了民衆及大衆傳播媒體前，不說出自己是因爲政變失敗而感到害怕，而說自己是爲國民而決心奮起。

「馬可仕這一次的選舉是因爲不正當操作而獲勝的，我自己在鄉里爲了馬可仕做出一些不對的工作」，他毫不膽怯地坦白告訴民衆。

後來，他知道如果不表明支持艾奎諾的話，就無法得到民衆的支持，因此基於對馬可仕的恐懼心，只好表明自己支持艾奎諾。

結果，漁翁得利的則是，把安里雷的失言當成奇貨，而成爲總統的艾奎諾夫人及其支持者。

艾德沙革命的主角─樞機主教

艾德沙革命的主角是樞機主教，艾奎諾夫人、羅慕斯、安里雷只不過是配角而已。

樞機主教在一九二八年八月三十一日出生於帕奈島的新華盛頓市，是十六個兄弟當中的第十四個。菲律賓的地名大都冠上西班牙文，但是當地市長說：

「在一八九八年的美西戰爭中登陸這塊土地的美軍，可能是因爲想念故鄉，而將其命名爲『新華盛頓』吧！」

所以，在菲律賓這可能是唯一冠上美國名的城鎮。

父親辛黃是從中國福建省到菲律賓的移民，在馬尼拉從事廢棄物回收業，賺了一些錢。過了三十歲以後，從馬尼拉到達帕奈島。他在新華盛頓經過五年以後，成爲這個城鎮最有錢的雜貨店主人。從附近的城市卡里波娶得美嬌娘瑪姬西瑪，成爲城鎮中的有力者。

孩子們都非常聰明，受過高等教育，每一個人都很成功。尤其是樞機主教的弟弟辛醫生在馬尼拉是著名的病理學家。

只有樞機主教受到母親的影響，從孩提時代就開始夢想自己能成爲一位聖職者。而他的玩伴認爲他的名字「辛」在英文是「罪」的意思，因此嘲笑他說：

「罪人不能成爲聖職者。」

但是他的意志堅定。在一九四三年遇到爲了傳教而到卡里波的哈洛市司教庫安克，兩人的相遇決定了少年的命運。

辛少年在庫安克司教的宿舍裡照顧司教。有一天，辛少年在寢室準備起床的時候，聽到司教叫他。辛少年非常感動，跪了下來，親吻司教戴在手指上的戒指。

這份眞誠打動了司教，他對辛少年說：「你想成爲司教嗎？」

看到辛少年點頭，他說：

「相信我吧！將來你也會戴上這個戒指的！」

爲什麼司教會說這句話，我不得而知，但是三十年後，辛少年眞的成爲庫安克司教的繼承人，戴上這個戒指，這可能是上天的啓示吧！

後來，辛少年成爲傳教士，在各地傳教。一九六八年成爲哈洛市的庫安克司教的助手。後來庫安克司教爲了傳播基督教，因此在哈洛市創辦『貝利塔斯報』，希望和在東南亞最早創立的貝利塔斯廣播電臺並駕齊驅。而辛樞機主教認爲「馬可仕廢掉了『貝利塔斯報』，加速了庫安克司敎的死期」。

一九七二年，他成爲「庫安克司敎的後繼者。在哈洛市擔任司敎的辛，後來就一直朝向聖職者的光榮之路前進。

哈洛的一個司敎如何能成爲當地的聖職者中，最高地位的樞機主敎呢？羅馬是否任命其他的有力候選人呢？這個秘密就在羅馬法王廳內。

一九七三年在碧瑤市舉行了聖職者會議，當時大司敎辛對於馬可仕侵害人權問題給與強烈的批評。可能是因爲辛大司敎是頭一個敢與馬可仕對抗的聖職者吧！

後來，辛大司敎接到來自羅馬的命令，轉任馬尼拉。在這一年的九月三日，由於樞機主敎桑德斯之死，使他成爲最有力的候選人。一九七四年，參議院議員亞爾巴雷斯的弟弟被殘殺，決定了辛大司敎與馬可仕政權對立的立場。

另外一方面，馬可仕在任中，羅馬法王曾兩次造訪菲律賓。馬可仕爲了自己的政治目的，當然將這個機會利用到最大限度。但是，結果卻完全相反。對法王和全世界而言，讓他們瞭解到了菲律賓的貧窮與馬可仕的獨裁。此外，菲律賓的民衆看到跪在羅馬法王面前的馬可仕夫妻，當然就瞭解誰是最高權威者。

一九七六年，辛大司敎被任命爲樞機主敎。

辛樞機主教年輕時不願意到羅馬去，認爲向居住在山岳地區的少數民族傳教是應該優先要做的事情，因此並沒有在羅馬接受教育。此外，在擔任樞機主教之前，在以哈洛市爲主的比札揚地方傳教。因此在天主教的關係者之間幾乎是默默無聞。被任命爲樞機主教時，甚至有人認爲是罪成了樞機主教。

「罪是誰啊？」在當時竟然因爲例外的提拔而成爲話題。

根據樞機主教的親信說：「當他被法王任命爲樞機主教時，他覺得好像是要讓菲律賓從馬可仕的暴政中獲得解放一樣。」擁有這種使命感，所以他才會成爲艾德沙革命時的呼籲者。

馬可仕的悲劇，就在於他一直到最後都不瞭解爲何辛大司教爲什麼會被提拔爲樞機主教。他就好像是法王廳送來的刺客一樣。令人感到諷刺的是，辛大司教被任命爲樞機主教時，伊美黛非常地高興，並且搭乘菲律賓航空公司的飛機和許多人一起前往羅馬參加任命儀式，沒有得到樞機主教的允諾，就任性地大開宴會。

樞機主教的眞心話

眞想見樞機主教，想確認一下在世界上傳說的許多關於辛樞機主教的神話。而這個願望，我終於在一九九一年七月的一個下雨天實現了。

接下來叙述的『辛秘話』，也可說是艾德沙革命前後的眞心話。

馬可仕與辛樞機主教之間的對抗，一直持續到艾德沙革命之前，即使是馬可仕，也無法迫使辛樞機主教屈服於強權之下。基於宗教上的關係，兩者見面時每次跪地的都是馬可仕，因此樞機主教具有「破門」這種比美國的「總統彈劾」更有力的手段。雖然馬可仕在背地裡嘲笑他是個「臭神父」，但是他卻無法應付對方的「破門」高招。

樞機主教指著辦公室椅子後面的電話，對我說了一段有趣的事情。

辛大司敎被任命爲樞機主教以後，在馬可仕的要求之下，兩個人的辦公室連接熱線，定期互相拜訪對方的辦公室。當艾奎諾被暗殺之後，樞機主教造訪宮殿時，宮殿會由層層的總統警衛隊圍住，加以警戒。看起來非常地忠勤，這就是貝爾參謀長的演技。

樞機主教見到馬可仕說：

「總統，你把自己關在自宅中嗎？」

馬可仕聽到這句話後，臉上露出苦笑的表情。稍後馬可仕說：「美國總統剛剛打電話過來說『再度當選了』。」很得意地表示與雷根的親密關係。同時說道：「美國眞的是一個很偉大的國家。在我國的選舉一週後結果發表出來之後，才知道自己當總統了，但是雷根在這一次選舉之後，過了幾個小時就知道自己當總統了。」

辛樞機主教對馬可仕說：「總統啊！在這一點上，我覺得菲律賓比美國更進步耶！因爲你在選擧之前就已經知道結果了嘛！」

就好像伊美黛在洛培斯和卡達菲面前哭泣一樣，艾德沙革命劇的前後，樞機主教和伊美黛之間也有一些傳聞出現。但是當我詢問樞機主教這一點時，他卻笑而不答，也沒有否認。

聽說，樞機主教透過廣播電臺的呼籲，最初與其呼應，趕到宅邸的不是天主教徒，而是回教徒。

菲律賓的回教徒非常地勇猛、果敢，西班牙和美國對於回教徒都感到非常地棘手，現在還沒有辦法完全統治他們。手上拿著鱶刀，跑到樞機主教宅邸的四十人團體說道：「我們組織敢死隊，打算攻擊馬拉卡尼安宮殿。」請求主教的許可。但是，主教並沒有允許他們的行動。因此說服他們說：「快點回家，向自己的神請求趕緊解決這個紛爭吧！」

後來，天主教徒陸陸續續地集結在主教的宅邸。

馬可仕當然襲擊了『貝利塔斯廣播電臺』，破壞廣播系統。但是，民間的廣播電臺後來自稱是『貝利塔斯廣播電臺』，陸續放出辛樞機主教與反馬可仕派的指示，使反馬可仕派能夠堅強地團結一致，對抗馬可仕。

辛樞機主教還說了以下的一段話。

在艾德沙革命時，美國大使波斯瓦斯很快地就到了樞機主教的辦公室。畢竟美國也已經瞭解樞機主教的使命和任務，因此詢問他對於馬可仕總統的處理問題。而主教當時也考慮到了艾奎諾夫人的新政權，因此和艾奎諾夫人商量過的結果是：

「讓他逃到美國去吧！」

於是波斯瓦斯大使從主教的辦公室打電話給雷根總統，告知菲律賓方面的意向。

但是，雷根雖然從大使那兒知道當地的狀況，卻不答應讓馬可仕進入美國。這是理所當然的事情，因爲馬可仕和雷根總統是刎頸之交，一旦他逃亡到美國的話，就好像送來一顆定時炸彈一樣。

第二天，宏都拉斯的總統打電話到辛樞機主教的辦公室。

「我和我的閣僚在打電話給閣下。昨天基於美國的請求，我們一起討論是否要接受馬可仕總統的問題。而內閣的意向結論是不接受。但是身爲天主教徒，而樞機主教又希望幫助馬可仕總統逃亡的話，我們願意接受。」

樞機主教回答：「總統閣下，對於天主教徒的心意我衷心地感謝。」

「也許你不知道吧！馬可仕總統罹患膠原病，如果逃到醫療設備比美國更差的貴國，恐怕病情會惡化。基於人道上的理由，我不會安排他逃到先進國以外的國家。」

這一天再和波斯瓦斯大使商量以後，與雷根聯絡，說明安排馬可仕逃亡到美國的理由。但是，雷根還是不願意讓馬可仕逃亡到美國，最後只好勉勉強強答應他不要逃亡到美國本土，而逃到夏威夷去。

還有一種說法是說，馬可仕從美國那兒得到的保證是「護送回故鄉伊洛克斯」，因此他從馬拉卡尼安宮殿帶走了大量的披索以及機密文件，以備日後之需。但是，看辛樞機主教和雷根總統之間的交涉，我認爲這個說法是不值得信任的。

馬可仕最後還是被美國欺騙了，以某種意義來說，這是一種因果報應吧！結果，他和尤黑尼歐·洛培斯同樣地客死美國。

後來因爲其他事情，我曾經和樞機主教見過幾次面。

他似乎蠻喜歡我的，在最後訪問時他吩咐下人：「我要和來客共進午餐。」在樞機主教家的餐廳吃飯，發現他是一位非常健談的人。雖然是吃午餐，但是卻是全餐。燉肉湯、生菜沙拉、中式紅燒魚、燉牛舌、飯、甜點都有。

我記得戰後日本經濟界的巨人經團連的石坂會長，和土光會長都是健談家，令我感到非常驚訝。我想，也許身爲偉人的第一條件就是要先成爲健談家吧！

黑暗之路

在艾德沙革命之前，我經常在馬尼拉高爾夫球場和丹提・桑德斯、馬耶・迪爾加德及傑斯・貝爾加拉三人，早上一起打高爾夫球。這三人都與革命有密切的關係。

身爲艾奎諾暗殺調查委員會委員非常活躍的丹提・桑德斯，是菲律賓最大的冰箱製造公司的董事長。當時，他也是菲律賓工商會議所會頭。

向馬可仕提出報告書的下午，桑德斯得到休假，經由日本去見在美國的女兒，因此到了馬尼拉機場。而我也正好要回國，於是我在馬尼拉機場時和桑德斯在一起。可是他就在我的面前，被視爲是逃亡到外國的嫌疑犯而被逮捕了。

所幸第二天他就被釋放了。出發到日本時，接受民間電視臺的邀請，上電視訴說菲律賓的現況。

直到現在，我的護照上好像紀念這一天似的，仍然蓋著菲律賓移民局的出國印章。

我是透過桑德斯的親友傑斯・貝爾加拉，才認識桑德斯的。

貝爾加拉是菲律賓最大進口公司亞洲產業公司的董事長，也是美國西屋公司代理店的社長。他的公司後來被是馬可仕的好朋友之一、經常在高爾夫球的分數上做假的迪西尼收買。雖然不願意，但是還是在迪西尼的命令之下，成爲惡名昭彰的核能發電廠計劃的總負責人。

革命後，在美國這個案件也成爲疑獄話題，貝爾加拉應美國政府的邀請到公聽會作證。他說核能發電廠的契約簽訂時，正是賄賂事件喧騰一時的時候，因此西屋公司在這一點上非常地愼重，只支付正規的金錢。但是根據美國的調查，迪西尼在貝爾加拉完全不知情的情況下，懷疑他除了正規的金錢之外，還要求對方支付其他的金錢。

但是，這個懷疑卻因爲證據不足而未被採納。

「迪西尼可能會這麼做。」

這是貝爾加拉的說明。

在革命前，迪西尼帶著支付給代理店的錢逃亡到國外，因此，這個優良公司也因爲沒有經費而不得不納入政府的管轄之下。

後來，貝爾加拉和馬可仕的女婿亞拉尼塔一起成立醫藥品製造公司，向美國著名的百貨店訂購製品，看起來前途一片光明。

在馬可仕與艾奎諾夫人爭相宣布總統大選中獲勝宣言的那一週的星期六，我在馬尼拉高爾夫球場和桑德斯及貝爾加拉共進早餐，直到現在我依然記得當時兩者談話的情形和光景。桑德斯問貝爾加拉：「傑斯，看來你會成爲百萬富翁哦！有亞拉尼塔做後盾，你也會成爲菲律賓少數的有錢人哦！我可就不行啦！」

滿臉喜色的貝爾加拉，好像肯定桑德斯的說法似地笑著說「沒什麼啦！」可是，不到一週就發生了艾德沙革命，使兩者的關係完全逆轉。

眞的是只差一步，黑暗與光明就完全倒轉過來。貝爾加拉因爲公司內有一部分是亞拉尼塔的資本，因此工廠全都被新政權接收了。而桑德斯卻因爲亞克拉瓦委員會的功績，而被艾奎諾總統任命爲菲律賓航空公司董事長。

這兩個人直到現在仍然保持良好的關係，而我到現在每一次遇到這兩個人時，總會想起當初的談話。

馬耶・迪爾加德當時擔任煤碳協會的會長，他自己在宿霧島擁有礦山，卻經常抱怨「得不到政府的協助」。因爲他是馬可仕的政敵之一，前副總統德伊・拉雷爾的女婿。

當時因爲忌憚馬可仕，所以菲律賓在馬尼拉高爾夫球場都不願意接近馬爾加德，因此也許他才會理會我這個外國人吧！

他喜歡新的事物，拉雷爾一族到國外旅行會受到限制，於是我每次歸國的時候，他都會請我幫他買名牌高爾夫球桿以及最新型的傳眞機。

拉雷爾的兒子不參與政治，而從事與戲劇有關的工作。在艾德沙革命以後，迪爾加德成爲克里家和拉雷爾之間的調理關係者。

不久之後，他告訴我說他要移居到美國去了，於是我到他家去。他站在克里與拉雷爾在馬可仕進行選戰之前，決定到底要由誰擔任總統候選人的大桌子前對我說：

「當岳父拉雷爾不再擔任首相或外相的同時，我自己也被卸除了聖麥格啤酒公司（菲律賓最大的啤酒公司）的幹部要職，在現政權下無法動彈，因此，在政權轉換前必須要在美國生活。」

在馬可仕政權時期必須要蟄居，在新政權中又無法待在國內，的確是非常地悲哀。即使到了羅慕斯政權時，他仍然待在美國，也許三年後才會回來吧！也許他應該算是政治的犧牲者之一。

第4章　新生的胎動

——「勤勞者羅慕斯」改變菲律賓——

無能的克里政權

姑且不論女性與男性的差距，但是可拉森．艾奎諾與戈巴契夫具有很多的共同點。雖然沒有得到諾貝爾和平獎，但是克里直到最後都是有力的候選人。兩者一開始在國內的人氣都很旺，但是到末期就衰退了，可是在海外的人氣仍然很旺。而兩者都擁有重建經濟的課題，但是因爲優柔寡斷而效果不張，也遭到親信的背叛。

克里掌握政權時，希望不要再重蹈馬可仕的覆轍，首先要避免的就是使用親人爲官。但是，違反菲律賓的習慣的這種人事做法只是表面工夫而已。例如，艾奎諾家的顧問律師以及飛行員，分別被任命爲官房長官及航空局長，也就是重用親戚推薦的人才。

當然，一夜取得政權，如此做也是無可厚非之事。結果，和馬可仕同樣的，利用克里派鞏固政權。而她指名的閣僚陸續因爲被懷疑貪污瀆職和能力不足，而遭到卸任。政權創立時的閣僚二十六人當中，沒有任何一人留下來，這種異常現象，造成了權力的弱體化。

而諷刺的事情是，比馬可仕時代的國力更差，克里政權失去了人民的信任。

當時，在菲律賓最大的建設公司AG&P的社長歐羅沙曾說：「我眞是對克里非常抱歉。」

我問他爲什麼這麼說時，他說：「在馬可仕政權末期，菲律賓的民衆大都認爲除了馬可仕以外，任何人都可以當總統——極言之，甚至連狗都可以當總統。因爲艾奎諾參議院議員被暗殺，因此對克里抱持著過剩的期待之心，又開始重演菲律賓的悲劇。因此，不能責怪克里，應該責怪選克里的菲律賓國民。」

克里和佘契爾及甘地不同，她只不過是一介主婦。捧她坐上總統寶座，本來就是一大錯誤。

百鬼夜行的菲律賓政界，歷代的總統全都具有一些群衆魅力，其中最大的是艾奎諾和馬可仕，但是克里沒有這種魅力。

到了克里政權之後，頻頻發生叛亂，叛亂後她以前一天晚上似乎哭泣過的臉出現在電視上對國民發表談話。著名的專欄作家貝爾特蘭就說：「叛亂時她躱在床下發抖。」

雖然批評得有些殘酷，但是總統權威盡失。

在政策面吳越同舟

往往一些街頭巷尾傳聞的話題，卻能夠充分反應出事實。克里總統本名是可拉森・

科方科・艾奎諾，一般稱為可拉森・C・艾奎諾，關於她有以下的笑話出現。

「可拉森」在西班牙文是「心」的意思，C是「Yes」等肯定的意義，因此，克里被視為是有仁慈之心的總統，一開始很受人喜愛。而C也是「Clean（清潔）」的C。但是，到政權末期卻變為「Cry（哭泣）」或是「Calamity（災難）」。

反艾奎諾的政治家認為，「克里的任務已經結束了」。

傳說布希總統也說過這句話。一九九二年總統大選之前，我曾經見到辛樞機主教，當時樞機主教也說：「希望接下來的政權會好點。」

的確令人感到悲哀，偉大人物克里在菲律賓的歷屆總統中是最沒有實權的總統，她的名字只能夠留在歷史上而已。

經濟界從很早的時期就已看穿克里政權的無能，將焦點集中在後克里時代。

其契機就是財政部長翁平的自殺。翁平財政部長用三十八口徑的手槍對準自己的右頭部，扣下板機自殺。但是，慣用左手的他，為什麼會用右手舉槍自殺呢？的確充滿著神秘。

他是中國後裔菲律賓人，就好像在馬尼拉唐人街歌頌一族功績的翁平橋一樣，是著名中國後裔財閥的一族，在克里政權創立的同時，被指名為財政部長。馬可仕時代，他也是與麥克阿瑟將軍有緣的班蓋特公司的董事長，也是鼓起勇氣最早反抗馬可仕的財界人士。

和洛培斯家的大老，菲律賓銀行協會會長、菲律賓工商銀行的首領歐沙耶塔同輩，兩人都是反馬可仕的財界人士領導者。當時，馬可仕的勢力高漲，如果沒有莫大的勇氣的話，是不敢起來批評馬可仕的。

在翁平自殺的數個月前，歐沙耶塔邀請我們一起在銀行的重要幹部餐廳聚餐。當時談到官房長官亞洛耶。歐沙耶塔和我有二十多年的交情，他從來不會批評他人，但是他卻搖搖頭說：「亞洛耶是人權派，在馬可仕時代是清廉的律師，但是當了官房長官之後，卻興建豪華宅邸，購買高級轎車。」

翁平和歐沙耶塔都是實務派的領導者，為了讓這個國家能夠脫離馬可仕的魔掌，因此不惜以命相搏。同樣是克里派，可是卻更為瞭解到在人權派和實務派之間有相當大的爭執。

克里政權雖然在反馬可仕的觀點上具有共通點，但是在政策面卻吳越同舟。在這樣的背景，克里政權之下陸續發生叛亂事件。

一言以蔽之，仍舊在於克里·艾奎諾的領導力不夠。

捲入反叛軍事件中

克里執掌政權之後，發生了七次叛亂事件。有五次的現場僅止於亞基納爾德的基地及電臺、馬拉卡尼安宮殿等地，因此，就好像隔岸觀火一樣，我們這些局外人根本不在乎。

但是，一九八九年十二月一日發生了第六次叛亂事件，我的公寓房間就在反叛軍司令部的下方，結果當時湊巧到我家拜訪的五名日本人，都沒有辦法脫逃，形成軟禁狀態。連傭人在內，六人的生命危急。

而在脫逃的前一天晚上十二月五日，與反叛軍將校成功地對話，接觸到一些核心問題。雖然報紙的報導說反叛軍的目的是爲了打倒克里政權，但是將校卻說，事實上原因是來自軍內部的權力鬥爭。

失去了馬可仕獨裁者，分爲三股勢力的軍部開始動搖，出現顯著的權力鬥爭。

這個叛亂事件，結果根據日本大使館的情報，日本人居住者陷入混亂中。而日本大使館的保安負責人員只有兩人，情報收集方面也受到預算的影響，因此，也許不能夠責怪大使館。

大使館打電話來與我聯絡，對我做出指示：「反叛軍為了籌措糧食，可能會進入室內。所以有人敲門時，絕對不要開門。」

但是，反叛軍已經佔領了在我們公寓前面的超級市場，糧食非常地豐富。事實上，聽說隔壁的居民還得到反叛軍的罐頭。不知道這些事情的我們，還小心翼翼地在大門口築起堡壘，防止反叛軍闖入。

反叛的第二天，反叛軍第二次敲響了玄關的門，我們六人停止呼吸，沒有回應，於是叛軍離去了。他們當然不是為了籌措糧食，而是因為完全佔領了七樓當成指揮部，害怕六樓的我們以及八樓的居民，因為七樓成為攻擊目標而受到影響，所以，建議我們在砲擊激烈的時候就要到地下室避難。

因為我們沒有回答，所以叛軍只有請公寓的管理員透過室內對講機說道：「趕緊退到地下室去！」

到地下室時發現，留在公寓的外國人幾乎都是日本人，其他的外國人則是東歐後裔。沒有美國人及菲律賓的要人，他們離去之後，剩下的傭人大約有一百個。較多外國人居住的馬尼拉中心部的高級公寓總戶數為四百戶，而日本人的殘留率非常地高。

我們會一直待在自己的房間，是因為大使館打電話告訴我們：「政府軍絕對不會攻擊大樓，待在自己的房間裡比較安全。」

但是，政府軍無視於大使館的要求，還是用大砲發動攻擊。砲彈命中十六樓和二十五樓，整個大樓晃動，我們嚇得趕緊到地下室去避難。如果二十五樓的日本人無視於反叛軍的勸告的話，恐怕就會發生慘事了。

在地下室時，和ＣＩＡ熟識的美國人想要和叛軍交涉，因此，以強硬的口氣要求政府軍的將校立刻停止攻擊。而這個美國人說：「會停止攻擊到第二天早上，所以在早上之前你們可以回到自己的房間去。」

聽到這番話，在地下室避難的人全都歡聲雷動。

事後我們才知道，美國方面派遣了數百名的海軍隊員，在位於洛哈斯街的美國大使館待命。而日本的橫須賀基地則命令高級將校不可以外出。當然，他們是爲了救出留在菲律賓的美國人。

遺憾的是，日本只能對克里總統要求，保障日本人的安全，除此之外別無良策，但克里總統也很難答應。

不過，後來在美軍出動空軍，使戰況急轉直下之後，終於解除了危機。但是，經由這次的經驗，我對於經濟大國日本的政治、社會機構感到非常地懷疑。

日本大使館的「痛苦回憶」

由於當時大使館的做法，讓我突然想起馬可仕時代時的痛苦經驗。

一九七二年九月，馬可仕政權爲了延命而公布戒嚴令，實行改憲廢止參、衆兩院制議會的同時，將政治型態從議院內閣制改爲法國型總統制，全都按照馬可仕的心意加以改造。因此，這個系統使總統擁有強大的權力。

伊美黛在戒嚴令公布後的一九七三年十月，隨著耗資四十億的文化中心落成之後，從日本邀請東京交響樂團到此演奏。

在馬尼拉一直嚮往西歐文化的我們夫妻，在開演一個月前就以一百元披索購買了門票。對於大學剛畢業的學生，初次就職月薪只有三百披索的薪水的菲律賓人而言，的確是非常昂貴的門票。結果，還剩下很多的票沒有賣出去，因此，伊美黛的幕僚奉命必須要讓文化中心爆滿。

必須效忠的人就是妻子是伊美黛的好友，因此被拔擢爲移民局長官的艾德蒙．雷耶斯。他將多餘的票強制分給外國企業，好對伊美黛交代。

我不知道這件事情，所以寫了一封信告訴對方我已經買票了，將他分給我的票退還給他。

演奏會幾天以後，移民官帶著三名武裝士兵，以傲慢的態度闖入我的辦公室，把一張命令文件放在我的桌前。文件寫著：

「十天以後全家人一起離開本國。如果不走的話，就會被收押到關政治犯的監獄安吉尼亞格林島上。」

於是我立刻和總公司聯絡。公司重複問我：「眞的沒有其他的理由嗎？」

錯愕的我首先當然是向日本大使館求救，但是運氣不好，大使回國。在大使館檢討之後，大使館回答：

「菲律賓國會沒有批准日菲友好通商航海條約，因此法律無法保障駐在員的身份，主權在菲律賓方面，在外交上會形成內政干涉，因此大使館無法幫你。」

當時，我眞的是非常後悔我自己身爲日本國民，至今仍無法忘懷那種心情。我好幾次反覆閱讀在自己護照開頭所寫的字。即使到現在還是同樣的，在上面清清楚楚地寫著：「要求有關單位讓持有本護照的日本國民，能夠通行無阻地旅行，同時給與必要的保護、協助。」

日本人會和律師都說：「大使館的這種態度眞是太糟糕了。」

當時解救我的竟然是伊美黛的外甥，我的好朋友貝布・洛姆亞爾迪斯。據說他和伊美黛的弟弟，也就是當時權傾一時的科科伊・洛姆亞爾迪斯關係不好，因此雖是伊美黛的外甥，可是卻與馬可仕較爲接近。

走投無路的我，抱持著孤注一擲之心去向貝布求救，那是在驅逐命令前兩天的晚上九點。

他最初對我說的話，我至今難以忘懷：「如果你爲了這一點無聊的事情而離開我國的話，那麼我也要捨棄這個國家了。」

他立刻到馬拉卡尼安宮殿去告訴伊美黛。

有趣的是，伊美黛當然什麼也不知道。總之，就是她那一群狐群狗黨濫用權力。我不想爲馬可仕或伊美黛辯護，但是即使艾奎諾政權也是如此。我認爲當時這些狐群狗黨的濫用權力，損害了政權的印象。

當時伊美黛的裁定非常菲律賓化。也就是爲了顧全雷耶斯長官的面子，要我們全家人「到日本以外的國家先停留十天後再回來」，這就是處理的方法。

關於這個事件還有後話。

事件解決了，平安無事地歸國，幾個月以後我的護照過了五年的期限，因此向大使館提出再申請護照的手續，大使館說：

「因爲是不合法的申請，所以不能發給護照。」

我不知道是怎麼一回事，洽詢之後，領事部說：「在申請者的條款中，有一項是『接受國外驅逐命令者』的項目，但是你的申請書卻沒有記載這個項目。」

也就是說，「要申請的話就要記載這個項目，要加上這一條理由」。

當時我的心情就好像是有人在我的傷上撒上一把鹽一樣，非常痛楚。

後來，我覺得大使館實在是非常難以應付，我就得了「拒絕上大使館症」。當然這是日本還未成爲經濟大國前發生的事情，現在絕對不會有這樣的事情發生了。

與反叛軍將校的對話

政府軍攻擊非常地激烈，反叛軍勸告我們：「到地下室避難。」

因此，我們聚集在地下一樓的電梯前。不久之後，我提起勇氣問反叛軍指揮官：「爲什麼要反抗政府呢？」

他說道：「我們並不是憎恨克里，也不想殺她。我們的敵人只是克里的好朋友和羅慕斯一派。」

這位反叛將校似乎是出生於優秀的陸軍士官學校，關於待遇方面，他說：「我們從七年前開始爲了討伐共產游擊隊而到前線去拚命作戰，而我的月俸爲三千五百披索，部下的月俸則是一天十八披索，這樣怎麼能生活呢？」

他發洩不滿及對羅慕斯派的責難。

「我們和共產游擊隊作戰，而羅慕斯派卻在馬尼拉悠哉悠哉地取締痲藥，得到很多的錢，過著奢侈的生活。」

這也是暴動的理由之一。爲了阻止想要成爲總統的羅慕斯的野心，因此展開暴動。

他訴說關於暴動的目的是：

「克里只不過是被這些人操縱的傀儡而已，她也只好屈服在他們的腐敗之下。如此一來，不就和馬可仕時代一樣了嗎？因此，我們希望克里和全閣僚辭職，三個月後舉行總統大選，同時要求由司法長官組成暫定內閣。」

詢問他關於拉雷爾副總統和安里雷參議院議員，以及賀納桑上校的事情。關於賀納桑上校的問題他們沒有否認，但是關於前者的事情，他們卻說：「不是事實。」

叛軍的士氣非常高昂，紀律嚴謹，在戰鬥中輪流休息。在被政府軍封閉的庭園中有小孩用的鞦韆，四、五名士兵在那兒盪鞦韆，談笑風生，非常豪邁。和我所瞭解的政府軍相比，其資質具有很大的差距。眞是歷戰的勇士，精銳中的精銳。老實說，我眞的很佩服在菲律賓還有這樣的士兵存在。

他們所說的應該大部分都是眞實的。但是，他們所否認的關於安里雷和拉雷爾的叛亂事件，令我感到有一點懷疑。因此，反艾奎諾派的要人幾乎都在叛亂的兩三天前就逃到海外去了，而當時拉雷爾是在香港。可能是部隊不知道這些事情吧！

「山下金塊」之謎

總統大選的一週前，一九九二年六月四日，昔日阿亞拉財閥的總裁安利凱·索貝爾·阿亞拉單獨會見當地的ＡＢＣ電視臺時說道：「馬可仕要將相當於三百五十億美元的金塊歸還給菲律賓，但是克里卻忽略這個要求。」

關於「山下金塊」的確是震撼衆人的發言，因此，在第二天馬尼拉的早報上幾乎都大篇幅地報導這個消息。

這是到香港避難的安利凱，在八八年十二月應逃亡到夏威夷的馬可仕之邀而到夏威夷去。自覺餘命所剩無多的馬可仕曾經和他商量：「想把三百五十億美元歸還給菲律賓，有沒有什麼好的方法呢？」

安利凱建議設立財團，馬可仕也同意了。馬可仕的條件是財團基金的一半用來償還菲律賓政府的債務，百分之十留給他的家人，百分之十捐給羅馬法王，剩下的百分之三十則當成菲律賓災害的受害者或醫院及財團的基金。

根據安利凱說，馬可仕在抗日戰爭之後，在北呂宋的山中發現這個「山下金塊」，這個金塊是山下將軍從新加坡、馬來西亞、婆羅州、印尼等地掠奪而來的，因此必須要等到時效過了四十年後的一九八五年才可公布發現金塊的事實。這些金塊的數量太多、太龐大了，因此麥克阿瑟擔任股東的班凱特・麥尼格公司重新將其鑄造成質量均等的金塊，分別藏匿在瑞士、紐約、倫敦、波昂等世界各大都市。馬可仕說這番話時，同時把保管證書拿給安利凱看。

安利凱經由FBI和美國的國務長官貝克商量，關於設立財團的方案。而財團理事長則由克里的哥哥培德洛・科方科就任。馬可仕、安利凱、培德洛三人曾在夏威夷會談，但是培德洛回國之後，安利凱並沒有和他聯絡。

當培德洛把這件事情告訴妹妹時，非常討厭馬可仕的克里則說：「馬可仕要就給他好了！」根本充耳不聞。

安利凱對於馬可仕的「山下金塊」加以發表的理由是：

「雖然馬可仕死了，但是我自己看過金塊的保管證書，我相信將死之人馬可仕所說的絕對不是謊話，而且我也認爲新政權有必要探討這個問題。所以，我特別選在總統大選的一週前發表這事實。」

他並且提議：「菲律賓政府債務總額達兩百九十億美元，因此將三百五十億美元的一半，也就是一百七十五億美元拿來償還債務，而且抵消餘額。如果債權國在這個條件下同意菲律賓償還債務的話，則新政權就能夠成爲一個無借款的國家，重新出發。但是，如果不加以處理的話，如此龐大、原本屬於菲律賓國民所有的資產卻被第三者接收了，這是違反國益的做法。」

如果只是一位市民發表這個消息的話，當然沒有人會去注意他，但是曾和洛培斯並駕齊驅的阿亞拉財閥的安利凱召開記者會，發表這項事實，因此，造成是否有山下金塊的眞相成爲引人矚目的話題。那麼，關於山下金塊的眞相又如何呢？我根據自己的經驗來檢證一番。

一九六〇年代在菲律賓有很多的日本人，當時在菲律賓有一個叫做小林的日本騙子，身材高大、英俊、舌燦蓮花，是一位頗受歡迎的男子。

這個騙子居住在當地最高級的住宅區，同時讓別人以爲：

「他的妻子是山下將軍的女兒。」

住在那裡，穿著菲律賓國軍的衣服，派人用軍車接送他，而且經常有三名以上的護衛保護他。

他本人說：「得到馬可仕給與國軍上校的待遇，費用全都由馬可仕出，目的是爲了找山下金塊。」

現在在某商社擔任常務董事的S君和我等一流企業的駐在員都被他騙了，甚至有些駐在員被他偷走一輛新車，而被公司開除。當他要去跟小林要車時，小林的部下士兵拿走他的護照並威脅他，因此他只好與日本大使館聯絡。這個時候才知道小林是剛從監獄放出來的著名兇惡騙子。

事實上，找山下金塊的任務是由馬可仕的妹夫巴爾巴負責，和他一起打高爾夫球的某商社職員感嘆地說道：「巴爾巴強迫我幫他找山下金塊。」

當時幫助他的日本人是後來在秋田當司機的日本兵。據他說在戰爭結束之前，基於長官的命令，將山下金塊埋在呂宋島北部的山中。

於是由商社職員擔任翻譯，陪著巴爾巴和前日本兵在北呂宋島的山中走了一週，即使戰後經過二十年地形仍未改變，但是這位日本兵的記憶力不太好，記不起埋在什麼地方，所以並沒有發現金塊。

這名職員從前日本兵那兒聽說，這個山下金塊是用好幾輛軍用卡車載來的。

如果這是事實的話，那麼和馬可仕的「山下金塊」數字似乎並不符合。因爲，如果是三百五十億美金的金塊，以一盎司三百五十美元來計算的話，則應該是三十一億公克，也就是三千噸的金塊。而舊日本軍的軍用卡車能載的金塊，一輛至多三噸而已。

如果馬可仕所說的是事實的話，那麼舊日本兵要運送這些金塊，至少需要準備一千輛的軍用卡車。不過在當時，日本軍根本連調用五百輛軍用卡車的能力都沒有。

馬可仕的蓄財法

那麼，馬可仕是如何蓄財的呢？首先，他在美國有門路，第二是地下銀行，第三則是來自於各種利權的收入。

艾德沙革命的數月前，馬可仕的兒子彭彭和女婿亞拉尼塔曾接受中東實業家的招待，在肯亞打獵一個月。據說這個實業家就是「中東第一的死商人」卡西歐基。他和沙烏地阿拉伯的王族交往，成爲美國航空製造公司著名的波音公司的代理人，因爲銷售軍機而建立千萬財富，在此道中他是超一流的人物。

他爲了將美國的武器賣給伊朗，因此和馬可仕攜手合作。據說居中牽線的是美國國防總部。

那麼是採用何種方法呢?也就是說，在文件上寫著武器是要送達菲律賓國軍處，但是事實上卡西歐基卻將武器運送到伊朗。只不過是把菲律賓國軍當成幌子，而大量地回扣就這麼進入馬可仕的荷包裡。

這是衆所周知的事實，甚至在發生年輕王子事件時，還有人說：「因爲年輕王子駐在伊朗，才會被綁架的。」

而爲馬可仕賺取最多錢的就是操作貨幣。因爲我本身也是受害者之一，所以我至今難以忘懷。

當時披索與美元的兌換匯率是一美元換三・八披索。當時菲律賓的外幣不足，要到海外去的話必須購買黑市美元，或是找尋外國的投資者，除此之外沒有籌措外幣的方法。

有一次，有三個菲律賓人到日本去，我的朋友在日本借日幣，而我當保證人。他們每個人借了四十萬日幣，總計借了一百二十萬日幣。回國不到一週，菲律賓政府突然發表貨幣貶值，一美元兌換七・九披索。

因此，他們借貸的錢一夜之間就漲了一倍，令他們感到非常痛苦。

馬可仕在當時不斷地收購美元，一夜之間資產增加一倍。同時設立了秘密銀行，自由操縱披索與美元的兌換匯率，藉此得到龐大的財富。

爲了貶值而受害的是電力公司及民間的大企業，尤其是從海外購買機器的企業。當然他們的事業計劃全都是以當地貨幣披索爲基礎而設立的，因此歸還計劃也是建立在披索上。所以馬可仕突然宣布貨幣貶值，他們的債務一夜之間就增加了一倍。

即使是優良企業也會出現赤字，所以包括索里亞諾系列的大企業銅山公司亞特拉斯，以及造紙公司PICOP等菲律賓的超一流企業，在一夜之間成爲不良企業。

馬可仕恣意地使貨幣貶值，導致菲律賓經濟破滅。

後來馬可仕被趕走時，披索已經降爲一美元兌換十六披索，當然賺最多錢的是馬可仕。此外，在石油進口方面每一桶他都要賺取回扣，同時藉著操縱砂糖和椰子的市價而蓄財。

藉此手段蓄財的馬可仕，不只擁有三百五十億美元而已，有人說他擁有一千億美元以上。此外，有人說馬可仕想要設立財團，就是想以此當成免罪符。

因此，如安利凱所說的，如果羅慕斯政權能夠盡早合法取得從菲律賓被帶到國外的資產，也許是建立國家的一大助力。

科方科三家的現況

在一九六八年，我的事務所移到科方科家的賀賽，也就是克里總統所擁有的AIU大樓。所以，時常會在電梯和走廊見到克里的丈夫參議院議員艾奎諾。他能言善道，具有與馬可仕完全不同的政治家風範。

當時科方科三家與洛培斯家及索里亞諾家相比，是還差了一大段距離的財閥，並不是引人矚目的家族。

賀賽．科方科家將女兒克里嫁給了馬可仕的政敵貝尼格諾．艾奎諾，因爲與艾奎諾家的關係，所以被馬可仕仇視，在馬可仕時代懷才不遇。但是，在艾德沙革命後克里成爲總統，當然他們家就顯著躍進了。

與賀賽家不同的是但丁．科方科家，他們和馬可仕的關係一向都很密切。

馬可仕再度當選總統的一九六九年以後的但丁，是馬可仕的股肱之臣、刎頸之交，接受他的庇護而擴大事業。例如，在椰子出口方面，他得到所有的利權，堪稱爲椰子王。事實上，當時在全球的椰子市場上，菲律賓的佔有率達九成。因此椰子王的稱呼的確非他莫屬。

此外，他還以幫助農民爲藉口，設立椰子佃農銀行，也買了克里娘家原有的銀行，將應該付給農民的錢以存款的方式吸收到他的銀行中，用這些資金購買了索里亞諾家的聖麥格啤酒公司。他的事業慾望永無休止，也得到了南洋珍珠及百事可樂的販賣權。所以在馬可仕的全盛時代，他是僅次於馬可仕的資產家。

同時他的政治野心極強，他的五千名私兵擁有最新裝備，展現他的權勢，想要和伊美黛及馬可仕較勁。因爲有這種背景，所以很多人懷疑他可能是暗殺艾奎諾的幕後主使者之一，因此他和克里關係不睦，和伊美黛也處得不好。

而在複雜奇怪的菲律賓財政界中，沒有比安東尼·科方科家更能保持中立的財閥了。

馬可仕時代當家主的拉蒙，和馬可仕及伊美黛的關係都很深。這可以說是比較特別的例子，尤其伊美黛很喜歡和自己同名的拉蒙的妻子。

伊美黛是拉蒙的第二任妻子，拉蒙與前妻在日軍佔領的時代時死別。

拉蒙夫妻在拉·撒爾大學的教會做禮拜的時候，日本憲兵懷疑他們夫妻是間諜，而將其逮捕。拉蒙幸運逃過一劫，但是妻子被逮捕，在他和父親的眼前被殺害了。

拉蒙戰後到美國留學，遇到同樣是留學生的伊美黛，因此再婚。兩人的孩子就是現在的主人湯尼。

拉蒙在幾年前死去，生前從來沒去過日本，同時也拒絕購買日本的產品。只有一部分的菲律賓人知道這個事實而已。當然，當地的日本人也很少有人知道這件事情。他曾經將菲律賓航空全部納入傘下，擁有大企業。日本企業想要以最優渥的條件，將日本製品賣給他在菲律賓最大的電話公司，但是他卻不接受，日本人都不知道到底是怎麼回事。

拉蒙和但丁的關係很好，和克里・艾奎諾及她娘家的關係也很好。在艾德沙革命之後，照理說與馬可仕有關的人應該會被彈劾，但是他的企業集團卻得到艾奎諾政權的保護，現在他的核心企業電話公司為菲律賓中的最優良企業，股票不斷地增值。

這個電話公司（ＰＬＤＴ）雖是美國ＧＴＥ（General Telephone Equipment）的子公司，但是根據美菲協定，美國事業不可以從公共事業中抽手。

據說ＧＴＥ中意的人選原本不是拉蒙，而是賀賽。但是，因為與政敵參議院議員艾奎諾的關係，不喜歡賀賽的馬可仕偷偷指示必須由拉蒙來購買，同時也對ＧＴＥ施加政治壓力，所以拉蒙在有利的條件下購買到ＰＬＤＴ。因此，甚至有一陣子傳說拉蒙是馬可仕的替身。

艾德沙革命之後，馬可仕持有PLDT百分之四十六的股票。科方科三家在克里擔任總統時，但丁成為在野黨的首領，形成一大勢力，威脅到克里政權。克里娘家的主人培賓擔任在野黨的幹事長，具有絕大的權力。但是到了羅慕斯擔任總統之後，但丁的影響力日益衰退，因此，現在只有拉蒙的兒子湯尼仍然在奮鬥不懈當中，可是與最近洛培斯家的活躍相比，根本不值得一提。

菲律賓選舉的「四個G」

一九九二年選舉正副總統、參議院議員、衆議院議員、各地區首長、委員等，總計四十個名額以上的大規模選舉。在菲律賓政治史上，還是頭一次採用這種多數選舉的方式。選舉後的一個月，還沒有決定出總統是誰，這也是很異常的事態。但是，總統大選時，據說但丁一個人就花了幾百億日幣。雖然說是在菲律賓選舉史上最乾淨的選舉，但是相反的被殺的人達到一百人，是十分具有話題性的選舉。

在菲律賓選舉的獲勝秘訣有四G——金錢（gold）、槍（gun）、暴力集團（goon）、教會（god）——這可以說明這個國家的選舉完全是收買、暴力與宗教的集合體。結果，有權與錢的候選人就能獲勝，什麼主義、主張根本不是重要的問題。

馬可仕和克里進行總統大選時，我在高爾夫球場問我的桿弟裴賓要投票給誰。他說：「老闆啊！我一生都是桿弟，不管是誰當總統，我們的生活都不會改變的。如果克里給一百披索，馬可仕給一百五十披索的話，我就會投票給馬可仕。但是，這一次樞機主教說：『收錢是可以的，但是不要連靈魂都賣掉了。』所以我不知道該怎麼做，覺得很煩惱。」

菲律賓有將近七成的人都生長在農村，他們的生活貧窮，和桿弟裴賓同樣的在選舉的時候可以說是賺錢的一年。連樞機主教在電視廣播上都堂而皇之地說道：「雖然可以收錢，但是不要受金錢的影響。」

而馬可仕派的對策之一，就是在還沒有投票之前，將印著馬可仕與伊美黛的照片的襯墊交給投票的人，要他們用選舉紙選舉前將襯墊墊在底下，選舉後看到襯墊紙上馬可仕的名字痕跡時就會給錢。

關於這種不正當的技巧，我的朋友，當地一流紙業的股東之一亞森西翁醫師也聽說過，他感嘆這個技巧眞是太巧妙了。

馬可仕派所使用的是印著馬可仕夫妻照片的襯墊紙，但是一般的技巧則是收買者將與投票紙大小相同的蠟紙交給選民，選民將蠟紙墊在下面寫下候選人的名字。投票之後將墊在下面的蠟紙交給收買者，收買者確認留在蠟紙上的姓名痕跡之後，再將錢交給選民。而且，收買者會堂而皇之地站在投票所的出入口，大大方方地進行收買。

還有更巧妙，而且絕對確實的收買方法。也就是頭一個選民，準備好與投票紙大小相同的紙，用假的投票紙投完票之後，將眞正的投票紙帶出來，交給收買者得到金錢。而收買者在這張紙上塡下自己候選人的名字，交給下一個選民，而下一個選民投票之後，再將眞正的投票紙帶出來，交給收買者。這樣就能夠確實收買，的確非常高超。

收買費因地區的不同而有不同，有的是一票五十披索，首都是兩百披索到五百披索。據說一九九五年四月在日本統一地方進行的選舉，每一票的收買額是一萬八千日幣。因此，菲律賓的價格是比較便宜的。

與金錢同樣能發揮威力的就是，槍（gun）與暴力集團（goon）。

這個國家留下一項不名譽的記錄，也就是殺人案的發生率爲全世界第一。平均一年十萬人中有四十二人會被殺，這個數字遠超過泰國的二十九人，與在中南美洲擁有最高記錄的痲藥國哥倫比亞的記錄。接近馬可仕出身地的南伊洛克斯州，在某年選舉的時候聽說十萬人中就有一百三十人被殺。

而且，這個平均值包括選舉時的殺人數在內，所以菲律賓的殺人事件幾乎都是在選舉時發生的。如果沒有選舉的話，也許殺人率就會驟降。

爲什麼菲律賓人如此熱衷於選舉呢？

總統有閣僚任命權，閣僚有次官任命權，次官有幹部職員的任命權，幹部職員有……，地區的州長、市長、鎮長也是如此。

這個方式模仿美國的系統，因此每次選舉時，總是會有自薦、他薦的殊死鬥展開。在菲律賓眞的要爲選舉拚命，如果能得到重要的職位的話，要一攫千金也不是夢想。

羅慕斯總統誕生的背景

自由作家若宮清和我是經由商社社員原田的介紹而認識的。若宮是蒞臨艾奎諾參議院議員暗殺事件現場的少數記者之一。他可能是日本最醉心於艾奎諾參議院議員的人，即使到現在他還是很敬愛艾奎諾。

馬可仕時代時，若宮曾拜訪逃亡中住在波斯頓的艾奎諾家。根據原田說，在逃亡時家中沒有傭人，因此艾奎諾夫人親自端茶點給若宮。這可以說唯一讓總統端茶點的日本人。因此，當克里成爲總統之後，他也成爲克里政權的日本管道之一。曾安排已故的前外相渡邊與羅慕斯會面。

關於艾奎諾暗殺事件方面，我和若宮的意見不同，但是兩人都同樣愛菲律賓。

這次從若宮那兒聽說，羅慕斯政權誕生的背景，所以，我認爲克里的最大功績就是讓羅慕斯當總統。

知道克里和若宮關係密切的羅慕斯國防次官，請求過若宮好幾次，希望他向克里推薦自己成爲總統候選人。因此，他把這件事情告訴克里，所以現在羅慕斯總統對於若宮仍然非常感謝。

但是，克里的政黨母體拉邦黨的公認總統候選人，已經選出黨主席衆議院議長米特拉議員。於是羅慕斯與黨劃清界限，成立拉卡斯黨，只得到衆議院中的二十人支持，參議院中的兩人支持，其中一人是自己的妹妹參議院議員夏哈妮，在當時沒有人認爲他會當選總統。

僅次於米特拉的有力候選人但丁．科方科，獲得衆議院三十六名、參議院八名議員的提名。而克里的弟弟培賓是黨的幹事長，因此不論是誰都會認爲黨的名譽總裁克里一定會指名米特拉，同時這也是科方科財閥的總意。

而羅慕斯被總統克里指名爲總統候選人的直接動機，就在於本世紀最大的皮納茲波火山爆發事件。

當時，擔任國防次官的羅慕斯被克里任命爲皮納茲波火山爆發事件的復興委員長。這時羅慕斯發揮以往政治家從來沒有的危機處理能力。雖是馬可仕的堂兄弟，但是因爲貝爾將軍的關係被冷落，所以在危機處理方面具有超群的能力。處理這些災害問題的時候，經常會遇到貪污、瀆職的問題，但是羅慕斯周圍的人從來沒有貪污的傳聞出現，在菲律賓是非常罕見的事情。

〈地震、颱風、洪水、火山爆發等天災相繼出現，如果要重建瀕臨破產的菲律賓，使用以往的職業政治家是不行的〉

克里領悟到這一點。身爲政治家的妻子，而勉強擔任政治家的克里，其實非常聰明。這時她下定決心〈要解救這個國家，只能依賴羅慕斯〉。

於是在一九九〇年地方選舉及總統大選同日的選舉當中，執政黨中的衆議院議長米特拉和國防部長羅慕斯、急進派的桑夏哥女士、在野黨方面的但丁·科方科以及伊美黛等，五人角逐候選人的寶座。

但是，在最初選舉戰中得到執政黨正式承認爲候選人的米特拉佔壓倒性的優勢，但丁次之，羅慕斯則望塵莫及。

但是選舉即將結束之前，但丁開始離間米特拉派的執政黨議員，這一招奏效，但丁似乎要扭轉逆勢。可是在這時候動搖的卻是培賓。

如果米特拉擔任總統的話，保證讓他擔任衆議院的議長。而如果羅慕斯成爲總統的話，姊姊支持羅慕斯，因此會造成黨的分裂。他爲了避免黨的分裂，因此，不願意完成重爲衆議院議長的夢想。他認爲如果但丁擔任總統的話，賀賽．科方科家的命運岌岌可危。

於是培賓做出了決定，命令總數達五十名以上他的子弟兵衆議院議長及各地區的首長們支持羅慕斯。據說那是在選舉日三天前的星期五發生的事情，使得執政黨票數的分散遏止到最低限度。

另外一方面，伊美黛的子弟們在選舉時，努力修復但丁與伊美黛的關係。在美國逃亡時，在與但丁建立蜜月關係的馬可仕的女婿亞拉尼塔，一開始就支持但丁。亞拉尼塔的失算就在於他認爲在最後階段時伊美黛會退怯。

對但丁的一大失誤，就是與伊美黛爲敵。在馬尼拉大家都傳說，馬可仕的孩子們都要求馬可仕的親信們歸還馬可仕家所擁有的一切，但是但丁卻拒絕了。伊美黛聽到這件事後非常生氣，因此爲了阻止但丁當總統，以及對於下一屆的總統選舉達成威脅的作用，因此參加總統大選。

如果這是事實的話，那麼伊美黛的作戰的確成功了。如果伊美黛下達「支持但丁」的號令，則但丁一定會當選總統。因爲但丁和伊美黛的票合計起來超過羅慕斯。

羅慕斯得到但丁想不到的雙重恩惠，而取得總統的寶座。

世界元首中最辛苦的人

成爲總統的羅慕斯，正如克里所期待的，開始重建菲律賓。

首先，就是要解決電力不足的問題。於是，他以BOT的方式來解決。

B是建設、O是運轉、T是移管的意思。民間利用海外企業和自己的資金建設發電廠、運轉、回收、投資，這時再將發電廠移交給政府管理。

政府也保證免費供應土地，給與免稅措施，同時用一定的金額購買電力。採用這個方式，政府不需要借錢就可以建設發電廠，對於債務國菲律賓而言是最適合的方法。

遺憾的是，沒有任何一家日本企業參與這種方式。

羅慕斯政權建立之後，面對蘇聯的瓦解和中東的紛爭。以往菲律賓的政權可說前門有虎，後門有狼，也就是說因為共產主義與回教徒的問題感到煩惱。昔日的宗主國美國，也沒有辦法解決回教徒的問題。這些問題現在全都獲得大幅度的改善，已經不再威脅羅慕斯政權了。

羅慕斯政權與克里政權相同，以經濟重建為最優先課題。政府和羅慕斯本身都積極地引誘外資。事實上，羅慕斯總統為了引誘一企業，甚至對某商社的分社社長說：「我願意自己到日本去。」在克里時代治安成為問題，因此日本的企業躊躇不前，但是隨著日幣增值，進駐菲律賓的企業增多了。

在世界上的元首當中，羅慕斯可以說是最勤勞的元首了。從早上七點半一直工作到晚上十一點，都在官邸執行勤務，連三十九歲的秘書官亞爾巴雷洛都非常佩服。事實上，他對於羅慕斯充沛的精力感到非常驚訝。若宮和克魯斯將軍說，他會騎摩托車、開飛機、潛水、玩降落傘。一九九四年的冬天在西雅圖舉行太平洋會議時，細川首相的圍巾在日本非常有名，但是羅慕斯卻很驕傲地對若宮說：

「穿著運動服的只有柯林頓和我而已。」

羅慕斯成為菲律賓總統之後，在各方面都有出色的表現。

一九五〇年畢業於美國士官學校西點軍校，在美國伊利諾州大學研究所讀了一年，就取得土木工程碩士學位。

他雖然是馬可仕的堂兄弟，但卻不向馬可仕諂媚，貫徹職業軍人的道德，而且擔任國軍時從未結黨營私，在這個國家可以說是孤傲的人。

在軍隊中確立了乾淨的印象，因此羅慕斯成爲總統之後，這一點依然沒有改變，歷代總統中沒有像羅慕斯這種沒有黑色傳聞出現的例子。事實上，就任總統大約四年內，羅慕斯一家人幾乎沒有出現不肖之徒。

在天主教國家卻是由新教徒的羅慕斯當選總統，這是建國以來從未發生過的事情。另外，羅慕斯據說有「女難」之相。

羅慕斯有一個愛人，還有一個私生子，這是衆所周知的事實。

但是，菲律賓國民還是選羅慕斯當總統。這是因爲菲律賓人對於女性問題非常寬容。事實上，當宇野首相因爲女性問題而辭職時，克里的外甥衆議院議員湯瓦克苦笑地對我說：「如果以菲律賓來說，那麼總統、參議院議員、衆議院議員全都要辭職了，菲律賓就沒有辦法發揮國家機能了。」

而在總統大選中羅慕斯最大的政敵桑夏哥女士，在這點上也不曾攻擊過羅慕斯。

羅慕斯的愛人是亞蕾娜絲女士，她是一位女中豪傑，著名的慈善家。是羅慕斯有力的資金來源。她曾肆無忌憚地說：「是我讓羅慕斯當選總統的。」

因爲化濃妝非常有名，而被稱爲「歌舞伎團」的她的好朋友們，也成爲羅慕斯的軍關係中有力者的中核。

對亞蕾娜絲反感的是羅慕斯夫人，和羅慕斯的妹妹參議院議員夏哈妮女士。由於羅慕斯夫人的小名叫阿明，所以羅慕斯夫人的親信都稱她爲「明王朝」。當亞蕾娜絲女士參加參議院議員選舉落選時，爲了向羅慕斯報復，甚至對「明王朝」喊話說：「我要讓在英國遊學的孩子回來。」

另外一方面，參議院議員桑夏哥女士很早就宣稱「要徹底與羅慕斯政權對抗」。桑夏哥女士認爲羅慕斯是因爲收買選民才成爲總統，因此結了很深的怨恨。

如果桑夏哥女士和憎恨羅慕斯的亞蕾娜絲攜手合作，也許會爲菲律賓政界注入一股活力吧！

梅德絞刑事件

日本也曾報導過，在新加坡被吊死的菲律賓女傭，也可以算是羅慕斯的「女難」吧！

「基於嫌疑犯梅德．芙洛亞．康丁普拉西歐的自白，處以絞首之刑」。

雖然新加坡政府這麼說，但是還是有很多疑點。

一九九二年，在新加坡一戶家人的浴室中，一位新加坡的少年及照顧孩子的菲律賓女傭被殺。涉嫌人是被殺害的菲律賓女傭的朋友，發生事件當時在這個家中的芙洛亞。

芙洛亞被少年的父親起訴而確認死刑，雖然羅慕斯總統曾要求死刑延期，但是在三年後的一九九五年三月十七日執行死刑。因此，令總統及菲律賓國民很沒有面子。

處刑之前，一位芙洛亞的朋友，菲律賓女傭說：

「這位少年擁有宿疾，因爲女傭的疏忽，所以在浴缸中宿疾發作而溺死。是憤怒的父親殺死了女傭，卻冤枉芙洛亞。」

這番話在菲律賓掀起嚴重的後果，而芙洛亞的丈夫也向菲律賓的大衆傳播媒體求救說：「芙洛亞是女傭的朋友，芙洛亞沒有那種蠻力，也沒有殺死少年及女傭的動機。」而引起了騷動。

而菲律賓大使館只是敷衍地說：「只要承認殺人就能減刑。」這麼一來，造成了火上加油的效果，情勢一發不可收拾。

結果，女傭的屍體從墳場挖出來，由菲律賓和新加坡的法醫驗屍，但是都只是反覆做出對新加坡有利的發言而已，事情仍然無法收拾。於是決定由第三國來驗屍。總之，這件事是一波未平，一波又起。

這個事件的底流就是東南亞國家聯盟諸國，隱藏著幫傭國的痛苦及雇用國的驕傲。新加坡是華僑國家，其經濟力當然是菲律賓無法比擬的，因此得意洋洋，非常驕傲。例如，前總理李光耀在馬尼拉的扶輪社進行演說時，就砲轟當時的獨佔企業PLDT（菲律賓長途電話公司）的經營手法，暗中批評菲律賓政府。這些措辭強烈的發言，使得爲了重建經濟而奮鬥的菲律賓人，感到非常難過。一點都沒有體貼菲律賓人之心。可能是因爲他是客家人，具有中華思想吧！

三百萬人的首長，卻批評人口多達七千萬人的多語言民族，以及擁有西班牙及美國都無法征服的異教徒的國家的統治方法，的確令人覺得難以想像。

相信不只我有這樣的想法吧！

第5章　東南亞國家聯盟最後的「聖地」菲律賓

——詢問進駐菲律賓的日本企業——

對汽車產業而言，最有希望的市場——日產——

日產在當地稱爲日本廠商御三家之一，是日產與丸紅和當地資本合併成立的當地法人公司。資本比例爲當地百分之六十，日本百分之四十。社長關野是畢業於東工大學的技術人員，過去曾經在印尼、馬來西亞服務。與兩國比較時，他發現在文化和宗教方面，菲律賓比較適合設廠。考慮到勤勉、資質等問題時，發現也是菲律賓比較好。

這一次爲了收集一連串的資料，因此頭一次造訪日產，從關野的談話中可以瞭解進駐當地的日本企業有哪些問題點存在。

包括勞動問題、男女從業員的資質，以及單純勞動與智慧勞動的對應方式等等，這些對日本企業進駐菲律賓而言，的確是非常有利的資料。

像日產這種大型公司進駐菲律賓，到底引起多大的波及效果呢？在這一次的報導中，我可以實際感受到的確很壯觀。日產方面在日產進駐菲律賓之後，轉包公司也有十三家進駐菲律賓。其中包括克拉里歐在內等大型公司都插上一腳。當然，他們的製品大部分都提供給日產的馬來西亞、泰國、臺灣工廠，並不是一面倒向日產菲律賓。

而在菲律賓政府的大力支持之下，當然會引誘日本優良企業前來投資。

菲律賓日產的男女比例爲九比一，女性大都處理事務工作，而工廠是男人的世界。根據關野先生說，以勞力爲主要工作項目的汽車零件組合的公司，最需要注意的就是勞動問題。菲律賓具有惡名昭彰的KMU（註）組織，令當地產業感到非常困擾。但是，菲律賓企業的經營者方面當然也有問題。

（註）KMU=KLLUSANG MAYO UNO。菲律賓土語，K是協會，M是五月，U是一日。也就是「五月一日協會」。

利用最低的薪資酷使從業人員的企業，在數年內就會引發罷工而倒閉。這種長期罷工可能出現的背景，在菲律賓具有特殊的理由存在。首先，就是菲律賓是大家族主義國，在罷工時可以依賴親人，得到最基本生活的保障。而且，不像日本一樣有寒冷的冬天。最低限度的飲食、衣物無缺。所以在菲律賓會出現長期罷工的事件。

菲律賓的勞動爭議上，大部分都是勞資雙方的律師互相交談，在商量的時候經營者和勞工組織代表談話，不像日本一樣是勞資雙方一起坐下來談。像當地的一流企業，聖麥格啤酒公司等企業內勞工組織力量強大的公司，不需要KMU的援助，就可以和公司方面交涉。但是，一般的勞動者依賴KMU的比例較高。

要注意的就是，勞工組織的律師有時會抱持著漁翁得利的心理，即使協談順利，但是公司方面會被奪走許多的錢，而勞工也會被愚弄。

當地的給薪體系一般而言，對上位者較優厚。像日產最高級的部長級的薪水，比剛畢業的初任者多達二十倍。相反的，工人和剛畢業的事務員的薪水沒什麼差別。

汽車業界的給薪平均值如下：

〔職員〕①部長八萬七千披索　②室長六萬一千披索　③課長三萬五千披索　④股長一萬四千披索　⑤一般（六年）一萬六百披索　⑥初任（大學畢業）四千披索

〔作業員〕①工長一萬四千披索　②組長一萬六百披索　③工人（六年）八千七百披索　④作業員四千披索

這是菲律賓日本人工商會議所勞務部會所做成的『菲律賓人從業員的薪資、福利水準實態調查』的資料。

把握時機，獲得成功——本田——

成爲蒐集資料對象當地商社的御三家三井、三菱、丸紅工業團體，各有兩家安裝廠及零件廠，及幾家相關軟體公司。關於三菱的工業團體，當我去請教商事的前分店部長吉部時，三菱商社推薦的是本田和松田。拜訪過日產和豐田，要再去訪問本田，讓我很困擾，但是我想想，這是商事的投資企業也無妨。

當時，從三菱商社出發到本田菲律賓廠的宮垣，對我說道在設立當時的情形。因爲是他的經驗談，所以頗具有說服力，而且非常有趣。當然，對於希望進駐當地的日本企業而言，也可以當成指針。

本田希望能夠進駐菲律賓時，是馬可仕的時代。當地生產的權利只給與豐田、日產、三菱三家汽車公司，這三家公司獨佔了汽車市場。三家公司在馬可仕的時代，都經由政治力而取得了營業執照。

豐田透過豐田通商與政商西爾貝里歐組合，丸紅則與洛姆亞爾迪斯一起建立日產菲律賓廠。日商則是與當地的政商尤洛家一起建立三菱汽車廠。

本田以前就在菲律賓販賣機車，而轎車則因爲三家公司已經佔據整個市場，所以需要三菱商事的協助。

本田在一九八九年向菲律賓投資局（ＢＯＩ）提出申請，翌年九〇年得到許可。工廠在九二年三月開始運作，現在年產量突破一萬輛。外行人的我不知道年產一萬輛是什麼意思，但是根據宮垣說是非常大的數字。

本田一萬輛以上的市場，除了日本、美國、加拿大以外，還包括了德國、英國、南非、臺灣、泰國、澳洲等，即使豐田也只包括了二十幾國而已。本田甚至在印尼、馬來西亞也能夠達成年產量一萬輛的數字。

三菱汽車在馬可仕時代，與日商組合，非常地努力，在當地與日產互爭前兩名。一年內販賣的車子爲兩萬五千輛。在美國一年內販賣的數字爲十萬輛，所以對三菱汽車而言，菲律賓的確是一個很有希望的市場。

當然，不只有好的一面。菲律賓政府規定日本各汽車公司，對於各公司進口的汽車零件的相當於進口金額一半的其他零件，必須出口到海外。因此，當地矢崎總業所產的汽車用組電線，必須輸往日本和美國的本田公司。

菲律賓政府在培養汽車產業的同時，也規定了這些義務，將汽車公司活用來當成促進出口的工具。

本田在進駐菲律賓之前，當然也將其與其他的東南亞國家聯盟諸國互相比較。當時，泰國並沒有好的工業團體，而且包括居住、通勤等問題，近年來人事費用上升。印尼則有語言方面的問題，而且沒有好的中間管理職員。因此只剩下菲律賓了。

詢問宮垣現在對於本田而言，最大的問題到底是什麼呢？他的回答也許可供今後進駐菲律賓的日本企業參考。宮垣說：

「本田的問題點在於在當地日本人的英語能力。」

營業和總務職員有海外勤務的經驗，所以和當地人溝通沒有問題。但是，在當地的日本人當中，有很多人不會說英文。因此，對於當地希望從日本人那兒學會技術的菲律賓人，要與日本人溝通非常地辛苦。

此外，本田也要以日本從業員和菲律賓人社會調和爲課題。舉個例子，日本人和當地人、幹部及一般從業員的差別，要盡可能縮小。共用廁所、餐廳等是本田的企業理念。而宮垣自己認爲日本企業應該要成爲一種國際企業，定著於當地，所以這是一個重要的過程。

聽到此處，在我們的記憶中想起本田宗一郎穿著工作服出現在現場的姿態。

由這個意義來看，也許最早達成國際化的應該是本田吧！此外，關於本田的幸運就在於它花了不到三年的時間，就能夠把握時機，得到當地的好伙伴，而其他公司需要花幾十年的市場，在菲律賓經濟上升的時候，就能夠毫無困難地建立起來了。

感謝宮垣的好意，以及從日本派到本田廠的本田職員的協助，完成製作菲律賓的介紹資料。所謂「事實勝於雄辯」，這是非常具有說服力的資料，對於今後想要進駐菲律賓的日本企業而言，是難能可貴的資料。

·雖然漫畫上畫的菲律賓非常落後，但是從日本到菲律賓出差或是駐在菲律賓的人，會發現當地的生活有高爾夫球場，也有卡拉ＯＫ。

·家事可以交給菲傭去做，妻子可以享受休閒之樂。

·在日本，先生必須坐擁擠的車子去上班，妻子忙碌於家事，但是在菲律賓，上班有附帶駕駛的自家用轎車，而妻子則有女傭幫忙做家事，過著悠閒的生活。

·勞動力的品質，以完成車的性能來評估時，根據本田的評價，菲律賓比日本更好。

·薪水比日本便宜。關於這一點，以菲律賓日本人工商會議所製成「菲律賓人從業員的薪資」比較時，也沒有大差距。

·基本設備和物流方面沒有問題。

·本田的相關公司有十一家進駐菲律賓，對於菲律賓的零件產業的培育有所貢獻。

·本田成功的最大要因，就是在市場成熟時，迅速、有效地完成工廠。同業其他公司在馬可仕時代或艾奎諾政權初期面對許多的困難，所以本田在這方面沒有遇到任何的困難，眞的是非常幸運。另外，菲律賓的消費者在對於豐田、三菱、日產感到厭倦時，正好吹入本田這股「新旋風」，也是一種幸運。

轉包中小企業的情形——羽田菲律賓廠——

A　南澤是羽田菲律賓廠的社長。在山梨縣，距今三十五年前設立的羽田公司，以前在東京羽田機場旁，經常利用熱能採三班制的「三K」產業，在十九年前為了確保人才，而遷移到山梨縣。五年前不得不進駐菲律賓。聽南澤說其中的經過，就可以知道為什麼要選擇菲律賓了。這也可以算是一個中小企業的經營哲學。

在日本屬於轉包公司的羽田公司，是因為進駐菲律賓的尤尼登總公司的明石副社長建議他「到菲律賓來看看」，才成為他進駐菲律賓的關鍵。

必須要到海外去。於是南澤以韓國、泰國、馬來西亞、新加坡等地為考慮的地點。所以，在明石建議他之前，他根本沒有考慮到菲律賓。因為，羽田曾對新加坡的GE熨斗工廠進行技術輸出，因此非常熟悉在海外的事業情況。

進駐菲律賓所面對的最大難關，就是在菲律賓得到不天時、地利、人和，必須要說服日本的銀行，才能夠取得融資。在年輕王子的事件之後，而且菲律賓又經常發生叛亂事件，因此想要進駐菲律賓，銀行當然面有難色。

現在，在菲律賓羽田廠生產的製品，比日本的羽田廠所生產的製品更好。當我聽到這番說明覺得很驚訝的時候，南澤簡單明瞭地爲我做了以下的說明。

日本因爲人事費用比較高，因此疏忽了安全檢查。但是，在人事費用較便宜的菲律賓，卻會全數檢查。而且菲律賓人的視力非常地好，這也是一大威脅，通常視力都在二・〇以上。日本學徒要熟悉機械操作需要花三個月以上的時間的三次元測定機，菲律賓人只要三天就能熟悉如何操作了。

不是他們特別的優秀，而是因爲他們的視力超群。因爲他們的眼睛很好，不會破壞價值一百萬日幣的紅寶石的接點，就能夠順利地操作。給與必須要負責任的動機，讓他們好好地學會技術。當然，企業一定要下定決心，冒某種程度的風險，但是經過三天以後，就能夠操作得相當熟練了。

進駐當地的企業必須要留意一點，就是不要期待向外部定貨。對羽田而言，這樣反而能促進品質的提升。在日本向外定貨的零件，必須要內製，這樣就能製作出更高品質的東西。雖然設備投資爲當初預定的三倍，可是內製能得到高品質，交貨期較短的經濟效果，就能夠抵消投資增加的部分。

羽田在日本三十五年學會的技術，在菲律賓三年就開花結果。八位日本技術者在當地貫徹「可以用嘴巴說，卻不能動手做」的方針。事實上，日本的技術者是否能實行南澤所說的話，只要看他們穿的工作服就可以知道了。因爲如果動手工作的話，一定會弄髒工作服。

因爲以只說不做訓練菲律賓人，所以菲律賓人的技術學習度飛躍提升。南澤的信條是「愛投資的國家，不要因爲菲律賓人失敗就笑他愚蠢。不要用日本人的標準來衡量菲律賓人」。

這可以說是進駐海外的關鍵語。南澤很自負地說：「眞正對於提升菲律賓產業有所貢獻的，就是像羽田工廠這種溶化材料再使其固體化，就是培養一些能夠無中生有的零件廠。羽田在這一方面的確發揮了作用。」

與母公司成爲「命運共同體」——黑澤製作所——

我在距今四年前的東芝時代，與黑澤製作所的代表常務董事奧田見面。在前馬尼拉三井物產負責非鐵金屬的工作，七年前獨立，現在成爲我的商業伙伴之一的山內介紹我和奧田認識。

當初山內來到菲律賓時，與工作無關，會和奧田打高爾夫球、吃飯。山內在物產時代只提供奧田在菲律賓所開設的培可公司再生鋁。

這次爲了收集資料，從奧田那兒聽到許多關於工作方面的事情，讓我覺得非常有益，眞是很後悔沒有多聽他談一些工作方面的話題。奧田所說的是，中小企業經營者的經驗，非常具有說服力。同時，也可以從中瞭解到中小企業與大企業之間不爲人知的糾葛。

我們公司松下在一九八七年五月對他說：「你要不要到菲律賓去看看呢？」而負責轉包工程的黑澤製作所當然不能夠拒絕，對於松下是「命運共同體」一員的黑澤製作所而言，松下的命令就是至高無上的命令。

松下的轉包公司同業本興精工所及光洋工業三社共同出資，由松下當地公司的社長迪爾·洛札里歐擔任設立公司的會長，成立了培可公司。當時是艾德沙革命剛過後，日本國內沒有人有興趣到菲律賓去。洛札里歐社長是培可公司形式上的會長，營運公司的社長實際上還是日本人。老實說，當時奧田眞的是勉勉強強到菲律賓去。在工作還沒告一段落之前，要在菲律賓住十五個月。

這段期間的經費與資金的金額相同，但是並不是由資金中取出，而是由日本三家公司負責。當然，完全沒有來自於松下的資金援助。這是非常日本化的經營方式，而這段期間的兩億日幣仍然留在日本三公司的帳本上。

歐美企業無法做到這一點，也是日本企業在當地獲得成功的秘密。

在菲律賓感到最困擾的問題，就是如何讓菲律賓人熟悉這些從來沒有看過的機械、從來沒有摸過的製品呢?.這時，前來幫忙的就是從來自松下總公司，習慣日本企業、瞭解日本人個性的菲律賓幹部。當他來到培可之後，由松下給他穩定的工作。

工作進行一年半之後，情況逐漸好轉，但是日本的經濟開始蒙上陰影，來自松下的訂單減半。兩年後，松下的訂單又恢復原狀，但是兩年內的訂單減半對於培可而言卻是一大幸運。因爲，並沒有任何來自於母公司訂單的保證，爲了塡補漏洞，必須要接受其他公司的製品訂單。

現在培可公司還有接德國、美國、英國的訂單。德國的本滋公司說：

「製品與本國相比毫不遜色。」

現在已經不再採用松下一面倒的做法了。

爲了到培可公司蒐集資料，在奧田的安排之下，到了在馬尼拉附近加比提市進駐出口加工區的金屬素材業的可庫布，和製造高精度微桿非常拿手的三金工廠參觀。兩個工廠以前都是黑澤製作所的轉包業者，也就是松下的下游公司。聽到這些公司的談話才知道，原公司與承包公司之間有一些紛爭和問題。此外，日本政府對於菲律賓等開發中國家的技術援助，也是值得一提的問題。

事前說明要保證松下的名譽，這些問題點不是特別針對黑澤製作所或者是克庫布、三金所提出的，是對於所有的日本企業都是如此。羽田和尤尼登之間也出現同樣的問題。母公司要進駐外國時，首先要面對的問題就是在當地沒有能夠生產好零件的廠商，而且也沒有多餘的時間來培養這一類的廠商。因此，不得不請日本的轉包企業進駐國外。

日本大企業及其轉包公司都承認兩者之間的關係，而接受轉包的企業除了要清算與母公司之間的關係之外，不能夠拒絕轉包。因爲，對於母公司而言，爲了要在生存的競爭下殘存下來，一旦對方拒絕的話，就不得不去找其他的轉包公司了。

對於原企業而言，優點是什麼呢？就是以往由日本承包企業購買的零件，可以在當地籌措，因此，可以從必須經常確保庫存負擔金中解放出來。

看培可和羽田的例子就可以瞭解到，原公司對於承包公司完全不需要負擔任何的資金，危機也由承包公司來負擔，所以對於原公司而言，事實上是非常好的系統。這種「命運共同體」，可能就是日本企業強大的秘密吧！

以前去參觀美國的福特和哈里斯等企業，我認爲美國企業的內製率與日本企業相比，非常地高。在底特律的福特公司除了有小型的製鐵廠之外，還有高爐。此外，哈里斯連一些細小的零件都必須要自己製造，讓我感到非常驚訝。所以，美國的廠商沒有辦法像日本的企業一樣，輕易地進駐外國，我想原因應該就是它的內製率太高了。

培可在剛創立的時候幾乎沒有資金，因此活用政府的援助資金，讓菲律賓人到日本去受教育，結果遇到悲慘的下場。因爲，在政府援助方面受到許多的限制，宿舍一個人有六個榻榻米大以上、一個月需要花十八萬元以上的錢，在教育結束時可以給與畢業證書。問題在於禁止與接受教育的菲律賓人之間簽定契約，因此，這個畢業證書很容易就被賣到外國企業去了。

進駐菲律賓的中小企業，感覺到不論是在日本或菲律賓，眞正支持大企業的是中小企業，這就是他們強烈的自負。所以，他們深具自信地認爲，重建菲律賓的技術不在大企業身上，而在中小企業身上。

他們的不滿是在於日本政府的限制。現在，中小企業都必須要在日本接受教育，但是又規定接受教育的人數只能是總公司總從業員數的百分之五以內。

日本中小企業在日本的從業員只有三十名，而且不能夠四捨五入，所以四十名員工以下的企業，就只有一人能接受訓練。

「只有一個人能做什麼事情呢?有很多大企業都是以學習技術爲藉口，實際上卻讓別人從事工作。但是，我認爲對菲律賓而言，眞正需要的是學習製造零件的技術。」

這也是中小企業的不滿。

因爲他們要在海外生存，一定要學會這種方法。

在日本，自動化幾乎已經到達了期限，剩下的就是清理、檢查、綑包等工作還無法自動化。這就是菲律賓與日本的差距。在檢查方面，奧田的經驗談很具有說服力。

在模鑄的檢查上，有一位菲律賓的女性檢查員發現兩個不良製品，而日本的專業人士卻認爲是良品，奧田用放大鏡看的結果也判定爲良品。可是，這位女性檢查員卻堅持說是不良品，於是只好割開檢查。結果，發現兩個製品都出現了細微的空洞化瑕疵。

奧田說，以專門術語來說的話，應該將它稱爲「有洞」。肉眼看不見的點出現在表面，而內部有很多空洞化的情形。奧田非常配服她的眼力，認爲「這不是人類能夠辦得到的」。

而日立的轉包公司橫尾製作所進駐菲律賓，是因爲橫尾社長觀摩培可公司的情形後，才決定這麼做的。

奧田帶他參觀檢查廠時，站在那兒不停點頭的橫尾社長說道:「我決定進駐菲律賓。」

在日本的檢查員人手不足，大都會依賴中年打工族，與年輕的菲律賓女性相比，視力當然差很多。但是，檢查非常地重要。根據奧田說，當時考慮在他國設立小田原工廠轉移後補地時，日立因爲橫尾製作所決定了菲律賓，因此最後也決定進駐菲律賓。

「如果要教育當地人，東南亞中以菲律賓人最適合。因爲這裡能用英語溝通，所以我很有自信地這麼說。」

這是奧田的說法，我也能夠瞭解這一點。奧田明快地說明：

「在日本工作的機械用語大多是英語。例如MACHINE、TAP、DRILL等等。在菲律賓也是這麼說的，在中國和泰國就不知道要如何說明了。」

奧田最後說：「不久的將來，ＩＢＭ也會在此地成立工廠，這都要拜松下之賜。」

菲律賓是軟體工程師的寶庫——ＮＥＣ、亞普提、富士通ＴＥＮ——

三年前，在一個偶然的機會下到宿霧島去訪問ＮＥＣ的工廠時，聽到頗耐人尋味的一段敘述。根據宿霧ＮＥＣ的藤村社長說，ＮＥＣ測驗新進人員時，主要是使用軟體工程師雇用考試英譯的日本問題，結果卻比日本更好。考試官說：

「我想把他帶回日本去。」

聽到這番話，認爲在東芝的菲律賓人只具有電視零件組裝能力的我感到半信半疑。

但是，同樣的話我也曾聽過亞普提這個IBM和東京電氣合併公司的蓮村社長說過。IBM是世界最大的電腦公司，爲國際化企業，而設計師的雇用考試問題世界共通，以八百分爲滿分。日本的IBM平均分數爲五百五十分。如果在平均分數以上的人，則被雇用爲系統設計師，以下的話，則會被分配到現場去工作。根據蓮村說，在菲律賓的平均分數比日本高一百分，爲六百五十分，有很多人爲七百分以上。

眞是如此嗎？也許今後菲律賓將會成爲軟體相關事業的發展地吧！——這次的宿霧島旅行，就是爲了從NEC那兒詢問詳情。

配合我的要求，藤本社長爲我介紹了負責總務工作的鈴木和與軟體有關的小倉。小倉以前在日本是NEC在菲律賓所雇用的設計師教練，看到他們對工作的眞摯態度，眞的讓我很感動。

「如果以後能和這些人一起工作的話，將會非常有趣。」

因爲他希望到菲律賓去，所以立刻決定住在宿霧島。相信今後如果有像他這樣的技術者出現，則日本和東南亞的關係將會加深。

ＮＥＣ並沒有選擇首都馬尼拉所在的呂宋島，而選擇進駐宿霧島，是基於治安上的理由。現在呂宋島的治安與當時相比好了很多，但是罷工較少的宿霧，即使到現在綜合評估起來，還是比呂宋島更好。

ＮＥＣ宿霧工廠的從業員的出身地，出身於宿霧島者佔五成、呂宋島三成、明達納爾島佔兩成。明達納爾島出身者有很多是畢業於宿霧島的大學畢業生，所以，實際上以宿霧島的大學畢業生佔大多數。菲律賓的大學畢業生與日本相比，從小學開始的教育期間會縮短兩年或一年。

在宿霧島的工科大學是聖．卡爾洛斯大學、宿霧工科大學、宿霧大學，都是私立的。與馬尼拉著名大學菲律賓大學、亞提尼歐大學、拉薩大學相比絲毫不遜色。如果是紙上考試的話，與日本學生相比水準相同，但是綜合來看，則比日本的理工科系更好。

雖然菲律賓大學不具有如日本大學般的設備，但是這是環境造成的，容易改善。

事實上，進入宿霧島ＮＥＣ公司的新進職員，當公司給他以往從來沒看過的最新機材時，就好像「如魚得水」一般地能夠發揮能力。他們的上進心和渴望求知的精神遠超過日本學生。

雇用的學生全都送到日本，進行六個月集中的日文教育。要將日文的規格書全都翻譯爲英文，在當地進行六個月的實地訓練，希望能培養出最佳的軟體設計師。雖然不能夠隨心所欲地以日文交談，但是幾個人在五個月內就將一千頁的日文技術書翻譯成英文了。

他們到日本去，以好的意義來看是接受技術的洗禮。當然，有的人回來之後完全判若兩人，這也證明環境對於一個人的影響非常重要。

NEC是遠隔會議系統的開發者，使用這項系統，進行在日本與宿霧島之間的技術會議。日本技術者的英文不是很好，所以會議是用日文進行的。他們停留在日本的時候要接受TOEIC的考試，八成都能拿到九百分以上的分數。比當時小倉的工作場所的平均分數高了一倍。

宿霧NEC將軟體完成品出口到日本和美國。這個製品現在被喻爲「NEC在日本以外的國家生產的製品品質與NEC相同」，而成本只有日本的二分之一或三分之一。因此，宿霧NEC也是深受NEC倚重的相關公司之一。而輸入是用日文，輸出是用英文，完全融合了適合海外的宿霧NEC系統。而最後藤本社長則說：「雖然宿霧眞的很好，但是我卻不希望你做太多的宣傳。」

也許，這是他的眞心話吧！

卡・歐迪歐的富士通TEN，在一九八九年九月派遣調查團到東南亞去，調查適合設立據點的地區。

除了調查婆羅州以外，是以調查東南亞國家聯盟爲對象。泰國因爲有很多的日本企業進駐，因此首先被刷掉。而印尼對外國的限制太嚴，所以也被排除在外。最後剩下的就是馬來西亞和菲律賓。

馬來西亞有很多的員工，而候補地麻六甲有兩、三所專門學校，與菲律賓相比，雇用技術者是一大問題，因此選擇了菲律賓。

我想對富士通TEN的幹部表示敬意，因爲他們選擇菲律賓是在叛亂事件剛過後的時候。日本的各大媒體都爭相報導這次事件，所以這的確是需要勇氣的決定。

富士通TEN在東南亞的據點只有菲律賓，但是來到菲律賓眞的是太好了。可是，不是說完全沒有問題。富士通TEN在東南亞的工作最初是在菲律賓展開的，因此會拿此地的成效和日本相比較。對於菲律賓人的畢業生雖然有專門知識，但是沒有應用能力，只會做一些形式化的工作，而感到有些不滿意。

但是，這是因爲他們在日本受教育的期間只有六個月，時間太短造成的結果。日本人的畢業生在進入公司六個月以後，也不可能所有的人都能勝任工作，所以這也是理所當然的事情。最初的六個月進行日文教育，在這一點上和日電、亞普提是相同的。如果在這裡接受兩年的教育的話，歸國以後來自日本的指示書、規格書全都是日文的，而這一點和日電、亞普提也相同。這些軟體要員全都是男性，而這一點與日電、亞普提就不同了。因爲如果有女性的話，就會出現宿舍等的問題了。

富士通TEN現在最擔心的就是組合問題。富士通TEN的團體設在聖塔・羅沙市，但是還沒有進駐到此地之前，不知道與菲律賓最強組合的KMU本部同在一個市內。

關於工作上的問題點，則是即使在此地，也不能夠依賴當地的承包公司。負責供應富士通TEN零件的公司是早川電氣、羅馬、土屋工業、東和電線等日系廠商，而當地的供應者只是綑包業者而已。

問社長笹川：「現在最大的困擾是什麼？」他立刻回答說：「是勞務管理。」在進駐之前、開始生產以後，最關心的事情都是如何製造出好的製品來，因此怠忽了勞務管理的準備工作。

以前日本也是這種情形，而現在的菲律賓年輕人不願意待在一個沒有未來的公司裡，所以今後想要進駐東南亞的日本中小企業，都必須留意這個問題。

在菲律賓的日本企業御三家——松下、矢崎、三實——

可以說是偶然的巧合吧！到目前爲止去蒐集資料的零件廠，全都是松下的承包公司。由此可知，在菲律賓有非常多松下的承包公司。

到松下總公司去蒐集資料時，將之前從承包公司聽到的不滿——他們對於進駐菲律賓時，松下沒有給與資金援助的事情，詢問當地的松下電器與松下通信的總務負責人仲津先生時，他說：「的確如此。」對於這個回答，我感到有點驚訝。但是，仲津先生認爲根本不需要給與援助。

「只動口，不出金錢和人。」

這是松下幸之助的方針，是松下的經營理念。很多的轉包公司大多是壓板、成型、模鑄等製品別事業體，是專門公司。松下在當地製造軟碟，但是等到情況改變，必須要轉變爲硬碟的話，則就不需要培可等模鑄公司了。松下並不是爲了轉包公司而存在的，而也不可能爲了轉包公司而持續製造製品。因此，他明快地回答「只動口，不出錢和人」這句話。

我第一次到菲律賓赴任的一九六七年——那時松下已經進駐菲律賓，松下和豐田可以算是兩個先鋒公司。

松下的高橋社長在一九六〇年代到菲律賓找尋營業伙伴，當時菲律賓還沒有像樣的製造公司，大都只是在城鎮的工廠工作而已。觀摩了當地的工廠之後，認爲迪爾．洛札里歐的工廠整頓還算良好，因此決定選擇迪爾．洛札里歐爲伙伴。

這個選擇方法的確很合理。因爲工廠的整頓良好與否，表示「教養」的良好程度。「教養」良好就表示有良好的教育。資金和技術不管在哪都可以取得，但是必須要能夠控制當地人才行。如果與進行良好教育的企業進行合作，就能夠間接地控制互助企業。

松下的強大力量就在於「出資金，但是對經營方式絕不過問」。包括選擇迪爾．洛札里歐當地伙伴，以及一九八七年菲律賓不景氣的時候，活用當時當成實現立法而公布的現物出資法，資本的組成從以往日本方面百分之四十提升爲百分之五十一，所以實際上能夠控制合併公司。

到目前爲止，各零件廠和汽車廠都說：「菲律賓人很優秀。」以這一點請教仲津。

在新加坡有松下的教育中心，有來自東南亞國家聯盟諸國及中南美、中東的實習生，而成績第一、二名的都是來自菲律賓松下的實習生。

東南亞有很多松下的工廠，互有交流。當時，經常聽說在工廠學習的時候，他國都是由日本人說明，在菲律賓則由當地的人自動地進行工廠的嚮導及說明的工作，日本人只負責當顧問而已。而且不只是東南亞國家聯盟，他國的松下工廠現在延聘菲律賓人擔任中間管理職的例子近年來也增加了。

當地的員工也以菲律賓人較有才幹、較爲優秀。但是，當然有時也會表現出較不專長的一面。

松下將轉包公司稱爲「共榮公司」。松下的轉包公司有一百五十家，其中的日本企業爲三十家左右。

一九八九年，在菲律賓當地及日本的中小企業五十家公司成立「共榮公司」，加深互相的親睦關係，同時舉行Q／C以及情報交換等。此外，也視察在東南亞國家聯盟諸國的松下共榮公司，進行業務提攜而提升品質。

現在，松下所培養的一百五十家的轉包公司，不只是同業的其他公司，在異業種汽車產業方面也成爲轉包公司的一員，進駐當地的日本企業，都會與松下的轉包公司以某種型態互有關聯。松下可以說是菲律賓基幹產業的培育者。我這麼說，相信沒有人會提出異論吧！

菲律賓的特徵，就是松下與轉包公司之間並沒有薪水差距。這是因爲政府所制定的最低薪資較高所致。

像松下這些大企業的最低薪資爲一天不到五百日幣，與日本相比非常地便宜。但是，當地企業不見得會遵守最低薪資的這個規定。

而日本企業容易進駐菲律賓，是因爲採三班輪班制沒什麼問題，而且在夜勤時效率也不會降低。可能與菲律賓的晝夜沒有氣溫差有關。

像松下這種歷史悠久的公司，也有它的煩惱。也就是說，因爲定著率太高，所以平均年齡會逐年增高。舉個例子，培可和羽田喜歡眼力好的菲律賓人，但是年輕時眼力好的人，老了以後相反的也較容易罹患老花眼。

矢崎總業的兒玉先生，是一九八九年叛亂時和我一起被關在公寓中五天的人。兒玉在這一年的六月擔任駐在馬尼拉的事務所的所長，也就是說，來到菲律賓沒多久就遇到叛亂事件。

矢崎總業於一九七二年進駐菲律賓，其歷史、規模都可以和松下電器及三實電機並駕齊驅，在當地被稱爲御三家。

矢崎總業製造汽車用組電線，在世界上的市場佔有率達百分之二十三，可以算是國際化的企業。

矢崎總業進駐菲律賓的理由，是以一九七二年尼克森水門事件爲契機。因爲在一九六二年已經進駐泰國曼谷，因此，可以說是海外進駐企業的先趨者。

在菲律賓和特雷斯一起成立合併公司的矢崎特雷斯，是專門做出口生意的公司，有兩家矢崎百分之百的ＥＤＳ公司。兩家公司的總從業人員超過一萬一千人，在菲律賓是屬於大企業。

現在，矢崎的海外據點有一百二十一處，其中菲律賓的二工廠生產性非常良好。以豐田的車子來說，在汽車內要裝一萬三千條的電線，這個單純的工作要很有耐心地進行，所以，菲律賓女性在這方面表現得非常認眞。

矢崎的第二工廠ＥＤＳ設立時，將工廠雇用的女性從業員全部都送到日本去研修。因爲菲律賓沒有教育設施，所以這個方法是最迅速確實的方法。ＥＤＳ的從業員不到六千人，半數都有到日本研修的經驗。

現在有七十人在日本接受研修，但是以規模來看，人數還算太少了。日本政府規定的「百分之五」的原則，對於像矢崎這種海外從業員佔壓倒性多數的企業而言，實在是不夠。

矢崎所在地加比提州，是前州長雷姆里亞和進駐企業曾經簽訂不組成勞工組織公約的獨特的州。在五月一日的勞動節，經營者、勞動者、州政府代表齊集一堂，宣誓不組成勞工組織。對於這種徹底的行動，即使是惡名昭彰的KMU也只好睜一隻眼、閉一隻眼。

在拉格納州的時期，特雷斯公司沒有勞工組織。這是因爲特雷斯社長能夠輕鬆地走入從業員的家庭，而且經常與從業員談話所致。

矢崎可說是適合女性的工作場所，目前中間管理職也陸續啓用女性擔任，總務部長及經理部長都是女性。以煩惱來說，離職率爲百分之一以下，非常地少，所以今後必須要面臨高齡化的問題。

三實電氣對於進駐菲律賓的日本企業而言非常重要。是一企業一工廠就擁有七千五百名從業員，在菲律賓除了三實以外，沒有其他像這樣的日本企業。在九五年增加爲一萬人，可能以日本的企業而言，是規模最大的一個工廠。

三實在一九七〇年進駐巴丹的出口加工區，與勞工問題的專家參議院議員海雷拉關係親密。後來遇到很多關於勞工組織的問題，於是在一九八〇年遷移到勞工組織問題較少的宿霧島去。

但是，巴丹的工廠並沒有關閉，現在仍然持續製造適合歐美的電腦用零件。

宿霧工廠的廠長也是兼任的三實總公司的董事廣瀨先生，對我說了兩件有趣的事情。

蒐集資料的目標全都是日本企業，而日本企業都說菲賓人的勞動能力很好，與其他國家相比非常地優秀。也許，大家會認爲菲律賓人與其他東南亞國家聯盟諸國的人相比，在人種上可能比較優秀吧！但是，根據廣瀨說，菲律賓與其他東南亞國家聯盟諸國相比，有比較好的環境，也就是它的英語、教育、宗教等各方面都不錯，菲律賓還留有「選擇的自由」，這是最大的理由。現在，日本企業大部分進駐的場所是在馬尼拉附近或是宿霧島，但是因爲已經進行全國性的教育，所以將來也許馬尼拉附近及宿霧會達到飽和狀態，這也是一種「選擇的自由」。

這個「選擇的自由」是指募集人才時，有很多人前來應徵。例如，在臺灣的三實公司應徵一百人，只有一百人來報名，而在宿霧則會多達數倍，此外令廣瀨感到驚訝的就是，詢問美國某家測定廠商發現，那兒女性的從業員當中，大學畢業者佔百分之三十四。但是在菲律賓卻沒有大學畢業的女性前來就職。

由於這兩段廣瀨的敘述，使我對菲律賓的疑問煙消雲散。

我還從廣瀨那兒聽到一件有趣的事情，也可以當成今後想要進駐菲律賓的日本大企業參考。

三實已達到自動化的極限狀態，但是自動化有兩個最大的缺點，也就是說，在設備投資上需要龐大的資金，在現在這個日新月異的時代中，設備能夠運作的期間逐年縮短，因此三實研究要盡可能減少自動化，又要配合顧客的要求。當這種傾向增多時，也許東南亞國家聯盟諸國的價值就會提升了。

在菲律賓最受歡迎、實力第一的——豐田——

豐田菲律賓廠面對馬尼拉與南部連結的高速公路「南高」興建，距離馬尼拉中心馬卡提市路程約爲三十分鐘。該公司爲當地法人中國後裔菲律賓人六人的「太班」（後述）之一的喬治・提，擁有百分之六十的股份，豐田持股爲百分之二十五、三井物產爲百分之十五。豐田與物產在克里政權之後才對新公司出資。提先生雖然是馬可仕的好友之一，但是他似乎買了西爾貝里歐所持有的股份。

此外，豐田還擁有適合泰國、印尼、葡萄牙的零件供給公司。

社長敦賀在泰國的豐田服務十年，有在沙烏地阿拉伯和伊朗的經驗，是國際企業人士。敦賀對我說了以下有趣的話：「羅慕斯工作非常努力。」

與克里時代相比，道路確實做得更好。他還說：「矢野，這裡有有趣的資料哦！」讓我看列出東南亞國家聯盟諸國十年鋪設道路總公里數的表格。

	一九七〇年（km）	一九八〇年（km）	一九九〇年（km）
菲律賓	十三萬五千	二十七萬七千	二十三萬一千
印尼	二十萬四千	五十六萬五千	八十九萬五千
泰國	十萬一千	二十二萬四千	三十八萬八千
馬來西亞	十六萬	二十萬	三十五萬九千

暫且不提國土狹小，但是屬於英國殖民地的馬來西亞與廣大的印尼。以前曾是東南亞國家聯盟領導者的菲律賓，從馬可仕的政權末期開始到克里政權的八〇年代，鋪設的道路減少了。到克里政權以後，成爲經濟根幹的基礎建設並不完善。當然，其背景就是因爲經濟方面並不富裕。但是，到了羅慕斯的政權之後，道路的修補工程做得很好，所以敦賀社長才會說：「羅慕斯工作非常努力。」

附帶一提，道路鋪設率在歐美爲百分之四十、日本爲百分之二十五，即使昔日以百分之八最差的泰國，現在也已經到達百分之二十。但是，菲律賓目前只不過是百分之十而已，關於這一點，敦賀做出以下的說明：

「汽車稅和燃料稅納入一般會計中，因此，並沒有使用在道路鋪設等方面，是一大問題。」

此外，敦賀還說：「歐美廠商熱衷於銷售完成車，並不想培養零件廠商。」以上這些說明，可以供爲各位參考。對其他的產業也是如此。所以歐美，尤其是美國廠商想要單獨進駐菲律賓幾乎是不可能的。

但是，豐田到目前爲止，主要是雇用相當於日本的東京大學、早稻田大學、慶應大學的菲律賓大學、拉·撒爾、亞提尼歐的學生。但是，他們的優秀份子意識太強（敦賀並沒有這麼說），不喜歡到現場工作，也許今後將會雇用其他大學的畢業生吧！

異軍突起的出色三企業——旭硝子、SUNACE、石田鐵工——

旭硝子是三菱集團的一員。三菱昔日在集團當中可以算是最保守的集團。其中一員旭硝子，與在當地惡名昭彰的馬可仕好友的右翼份子貝拉斯科，建立合併事業攜手合作。這是在艾德沙革命還沒有冷卻的一九八八年發生的事情。

老實說，當時一般人都認爲這種做法是「瘋了」。至少在菲律賓與政治、經濟有關的日本人都會這麼想。

在馬可仕時代的貝拉斯科爲電力廳的總裁，可以說是「能源皇帝」。而且，是從與電力無關的玻璃店老闆，搖身一變成爲馬可仕電力廳的掌管者，令人感到匪夷所思。他在公私方面都是一位有教養的人。在自宅接待來自外國的賓客時，貝拉斯科會拉大提琴，夫人會彈鋼琴待客。他的技巧堪稱是職業級水準。

艾德沙革命當晚，貝拉斯科利用自用的飛機逃到新加坡，經由日本再逃亡到美國。翌年偷偷地回國，成爲馬可仕的側近。

我在馬尼拉機廠的候機室，遇到帶著秘書兼情婦去訪問旭硝子的貝拉斯科。當時已經獨立的貝拉斯科的長男爲了到新加坡出差，也同樣在候機室等候著，他和愛人親切地交談。這個國家在這一點上可算是非常地寬容。即使是羅慕斯總統也有情婦及私生子，菲律賓人都知道，馬可仕也是同樣的。但是，帶著情婦去和旭硝子談合併問題，實在也是太放縱的做法了。

對我而言，貝拉斯科是不值得信賴的男子，這是因爲我個人有過痛苦的經驗。

在他歸國後，沒有人理他。事實上，我在馬尼拉高爾夫球場見到他的時候，大多是我主動向他打招呼。後來，我把從日本帶來的水果送給他，看他親筆寫下感謝信，使我嚇了一跳。全盛時代的貝拉斯科是「什麼都可以拿，只有舌頭不能伸出來」的男子。這樣的貝拉斯科在羅慕斯擔任總統時，而他昔日的部下馬雷基西擔任電力廳的總裁之後，態度更爲傲慢了。

有一天在馬尼拉的高爾夫球俱樂部，我和洛培斯家的公子加比打高爾夫球。而在我們身後打高爾夫球的貝拉斯科緊追著我們，我按照慣例和他打招呼時，他大言不慚地對加比說道：「最近，以往不跟我打招呼的人，我也不接受他的招呼了。」

他說的這番話令我感到很驚訝。雖然知道貝拉斯科是這種人，但是旭硝子卻和他攜手合作，的確有他獨特的見解。

菲律賓沒有玻璃的主要原料，連重油都是進口的。此外，進口品需要付百分之三十五的關稅，可是因爲東南亞國家聯盟諸國有特惠待遇，考慮到運輸費用，則從東南亞國家聯盟諸國進口的產品，就沒有關稅的問題了。

外國企業並不打算在菲律賓設立玻璃工廠，而且玻璃產業和水泥、鋼鐵同樣是屬於裝置產業，設備投資至少要花一百五十億美元。

考慮到這些條件，所以旭硝子選擇貝拉斯科的玻璃工廠爲事業伙伴，的確是最佳的選擇。但是，這家玻璃工廠所採用的是最古老的生產方式，如果不改變的話，恐怕沒有辦法殘存下來。但是，貝拉斯科似乎無意將資產投資在這項事業上。

但是，這家公司是在菲律賓唯一一家生產玻璃的公司，獨佔整個市場。這個優點也成爲抵消貝拉斯科個人的人品，以及該公司舊式設備等問題的最佳利器。

事實上，現在旭硝子的合併公司，已經稱霸菲律賓市場。

丸紅的加比提工業集團和其他兩個集團不同，是藉著菲律賓政府的協助，在日本JAIDO的援助之下建設起來的。日本企業相關團體中的先鋒者，主要是以中小企業爲對象的團體。

最初拜訪SUNACE，主要是生產女性用的皮包及皮帶的工廠，我也不認識廠長住田。以前是由迪爾·布洛斯這位在當地一流海運公司工作的人負責整個事務。後來廠長變成身爲女性的住田，令我感到很驚訝。

她原本在日本川崎製鐵工作，認識菲律賓男性後與其結婚。在當地一流飯店的營業經理大多是女性。日本女性的活力也非常驚人。

ＳＵＮＡＣＥ在日本沒有工廠，而由日本請來技術人員。製品的原料皮革是由日本、義大利、南美等國進口，在當地只進行加工，製品全都出口到日本。

雖然不是三Ｋ，但是皮包這種集中勞動力的產業，今後像ＳＵＮＡＣＥ這種百分之百在海外製造的例子將會增加。因爲技術人員較少的日本，討厭單純作業的女性增多，因此很難確保在日本的勞動力。所以，東南亞國家聯盟成爲不可或缺的存在。

拜訪石田鐵工的當地公司時，根本沒有想到會在菲律賓製造這種東西。聽若園社長說明之後，我覺得菲律賓的確適合這種作業。

石田鐵工製造金屬製的格子狀的下水溝蓋，以及工廠踏板金屬製的支撐帶。

三Ｋ企業的同公司似乎沒有被准許進駐菲律賓，而採用的基準與其他公司也完全不同。在雇用時，最初要配合爲慣用右手者所製造的工具，來調查個人慣用的手。在菲律賓不需要像在日本一樣矯正左撇子，使其使用右手。

根據若園說，以貧窮家庭的孩子較多。長男、長女雖然可以參加，但是家長有時仍需要負責任，因此很容易缺勤。

可以成立百分之百的子公司——三菱汽車——

我和日商汽車本部第一部的遠藤部長，在一九七五年在尙比亞的首都盧色加相遇。離開了菲律賓以後，回到了日本的我，最初的出差地是尙比亞。帶著從日本借來的借款，東芝公司要在尙比亞建設全國電視網，當時主契約者是日商。遠藤是兩位駐在員之一，負責非鐵金屬的工作。世界少數的銅生產國家尙比亞，經常會有各公司的非鐵金屬負責人駐在此處。

我在翌年一九八四年第二度成爲駐在員，再到菲律賓就職。而遠藤則成爲三菱汽車當地合併公司的銷售負責人，而來到馬尼拉。

我最初駐在馬尼拉是一九六七年，當時三菱已經和克萊斯勒攜手合作，加入了小規模的資本。而豐田則和迪爾塔馬達進行技術提攜。豐田的代表現任社長奧田駐在菲律賓，但是並沒有加入資本。在這一點上，三菱汽車的奮鬥歷史，可以說是日本汽車廠商的歷史。

現在，只有三菱汽車是百分之百的日本資本。爲什麼能夠辦到這一點呢？能證明這段歷史最適合的人就是遠藤。

遠藤在一九八四年，艾奎諾被暗殺之後到達馬尼拉。當時，是菲律賓政治、經濟最惡劣的狀態。

日商和東芝的律師在同一棟大樓裡辦公，而且日圓借款的案件是與日商交易，於是我和遠藤經常在日商的馬尼拉事務所見面，非常瞭解他的苦境。當時，三菱汽車的赤字已經累積超過四十億日幣。

現在，一個月銷售兩千輛汽車的三菱，在遠藤赴任的那一年十月，只賣了六十七輛。當時的披索幣值急速滑落，考慮到匯兌差損，因此得到母公司的保證，從當地銀行借貸。總行數達到三十行。年利率爲百分之十八，利息很高，當然如果超過債務的話，只好以死謝罪了。

但是，檢討損益計算書的結果，發現去除利息部分的營業外損益，一個月只要賣一百五十輛以上的汽車，就能夠削平損益分歧點。如果子公司無法歸還借來的錢的話，則必須由提出保證的母公司三菱汽車以及日商歸還才行。最後的手段則是利用增資來歸還借款。

當地的伙伴，馬可仕的好友之一尤洛，以「沒有袖子怎麼揮得動呢」爲理由，不願意增資。因此，菲律賓投資局不願意買進三菱汽車。這是在艾德沙革命前一年，一九八五年發生的事情。當時沒有土地的話，就可以進行百分之百的外資。

艾德沙革命後，三菱汽車的當地公司情況好轉。從以往的逆風變成順風，在遠藤歸國時，營業額已經提升了四十倍，成為搶手的市場。

遠藤說——A社駐在員以六十比四十的當地百分比，同意設立當地法人時還問遠藤：「為什麼三菱能夠做到百分之百呢？」

遠藤說：「從一九八五年開始，如果沒有土地的話，就可以進行百分之百的外資。」

聽到這番話時，對方似乎感到很驚訝，但是已經後悔莫及了。如果要設立工廠的話，必須附帶土地，所以大家都會有六十比四十的固定觀念。而對於今後進駐菲律賓的企業而言，這就是他山之石的經驗談了。

三菱當然熬過了一段長期的苦難期，不像日本轉包公司進入菲律賓的狀況，根本不培養菲律賓的業者。聽到這番敘述就可以知道，本田眞的是很幸運了。

必須注意流通、金融面——菲律賓的六位太班——

如果說菲律賓的流通業界、銀行、保險等，是由中國後裔菲律賓人執牛耳絕不為過。其代表稱爲六太班，就是路西歐・唐、亨利・辛、約翰・哥空威、喬治・提、亞爾方索・尤錢科、安東尼・哥江南。

路西歐・唐是馬可仕的好友之一，曾被稱爲煙王唐。革命後暫時待在美國，後來歸國。在克里時代重新竄起，現在是菲律賓航空的擁有者。有逃稅王之稱。

亨利・辛六歲時從中國來到菲律賓，原本是在鞋店工作的人，現在是百貨公司之王。長女提西繼承家業。

約翰・哥空威是當地有力銀行遠東銀行、菲律賓商業銀行、國際銀行的大股東，和菲律賓最大的商業銀行梅多洛銀行的喬治・提，同樣是菲律賓的銀行王之一。

尤錢科在一九九五年八月被任命爲駐日大使，一九九三年獲頒日本勳章（勳二等瑞寶章），爲日本通。與三和銀行、Ｘｅｒｏｘ、東京海上都有合作關係。在財力方面雖然比不上唐、辛，但是擁有人望，是六人太班的代表。哥江南則因從事不動產而致富。

他們大部分都出生於大陸或是二世，如果在當地做生意的話，必須要重視這六位太班。以前的西班牙後裔財閥已經失去元氣。他們爲成爲新興財閥的旗手。

結語　獻給把菲律賓視為目標的企業人士

從進出企業中學到的教訓

寫本書時，是經過了許多的調查及取材才完成的。在調查本書開頭所寫的菲律賓的歷史時，書中曾寫到雷加斯皮因病而死，而他的孫子沙爾塞德去探索菲律賓各地，最後死在北呂宋。但是書上並沒有寫出兩人罹患的病名。

沙爾塞德在十幾歲時和祖父一起來到菲律賓，最後竟然把哥哥獻給西班牙軍隊的最高司令官，他的死因令人感到非常地懷疑，調查各種的書籍卻都沒有記載。而到他祖父被埋葬的聖·奧加斯丁教會調查古文書，可是全都是用西班牙文寫的，所以根本看不懂。

後來，透過教會知道他是得了霍亂而死的。花了幾週才調查出這個事實來，因此知道他並不是被毒死的。他知道自己死期將近，雖然說遺產和祖父一樣並不多，可是還是分給親近的人。

他可以說是到現在仍然受到菲律賓人愛戴的少數西班牙人之一。經驗很重要，但是經由調查，還是可以挖掘出很多隱藏的事實。

這一次，前往進駐菲律賓的日本企業處蒐集資料，最大的收穫就是發現日本企業強大的秘密。置身這股強大力量的日本總公司以及轉包公司之間的關係糾葛，也能夠從中瞭解一二。對於過著上班族生活的我而言，與工廠的現場完全是兩個不同的世界。對於豐田的營業方式我也不瞭解，不知道它具有這麼多獨特的系統。

而像GE或GM的一流美國企業，法國的湯普森或是CGR等公司的現場，經過我仔細地觀察過後，發現還是以擁有多數轉包公司的日本方式比較強。但是，一旦誤用的話，有可能會損傷最重要的部分。

不瞭解日本的總公司與轉包公司之間的關係，到底是什麼樣的關係的美國汽車公司，提出要日本的汽車廠在美國當地生產販賣汽車的條件，的確是合理的做法。因爲，連我也不知道日本的總公司和轉包公司之間的關係如此地密切。

雖然汽車的生產輛數不變，但是從業員人數爲美國企業的幾倍，原因是因爲美國的轉包工廠較少。這對於美國所有的大企業而言，都是共通的事實。

美國的企業避免向外面的公司訂購貨物的傾向強烈，內製率較高，因此進駐海外時，投資額就會增多。像日本車在美國可以販賣的條件，就是要在美國國內當地生產。所以對於美國政府和美國汽車產業而言，日本的汽車公司在短期內引起許多的轉包公司，在美國確立生產體制，並不是夢想。

對轉包公司而言，出去也是地獄、留下來也是地獄，但是如果留在下來的話，只能選擇停業或者是轉業。而進駐當地的許多轉包公司，就是在這種環境下進駐當地的。他們一直有一種堅強的信念，認爲支持總公司的，就是他們這些轉包公司的零件廠商。同時，認爲他們自己是國家產業的基礎，進行對這個國家而言最重要的技術轉移，這也就是這些轉包公司所擁有的自負。

以汽車產業爲例，進駐當地並沒有考慮到道路情況而生產轎車的日本企業，一般人認爲他們只不過是在製造公害，但是他們所帶來的轉包公司在當地培養了許多孫子輩的轉包公司，確實進行技術轉移，這是不容忽視的貢獻。西班牙把宗教留在菲律賓，美國把民主主義留在菲律賓，而日本企業則透過技術轉移，而培養這個國家所需要的產業基礎及技術。這是我這一次進行一連串的資料蒐集時，最大的收穫。

今後進駐菲律賓的企業需要留意以下幾點。

• 對於石油化學、鐵、玻璃等設備產業而言，如果不能獨佔市場的話，則沒有進駐的優點。這是因爲男性下級勞工的水準不像日本這麼高，原料幾乎都是進口的，不可能出口。

• 拼裝作業或是需要耐性的單純作業，必須採用女性作業員時，在東南亞中，菲律賓是最適合的地點。

●像軟體等需要智慧的作業，在菲律賓也是最適合的地點。因爲這裡大學的數目除了日本以外，堪稱東南亞第一。

對於進駐的企業而言，最大的優點就是菲律賓還有「選擇的自由」。菲律賓有宿霧島等對於日本企業而言的處女地。即使是以往令人感覺不安的治安問題，大都不會以一般市民爲目標。我在當地停留了將近二十年，從來沒有與人發生過爭執或是暴力相向——也許一般日本人難以相信吧！

如果只是「隨波逐流」的進駐企業，請打消念頭

我前往蒐集資料的進駐在菲律賓的日本企業，對於菲律賓的雇用、產業、技術發展都有很大的貢獻。但是遺憾的是，不是所有來自日本的進駐企業都能辦到這幾點。

最不好的例子，就是來自日本的中古車出口的洪水。馬可仕下臺，克里政權成立後，日本的中古車業者，競相將在日本即將要廢棄的中古車出口到菲律賓，當成計程車用的小型車或是巴士、卡車等。結果在羅慕斯政權下，現在大半的巴士都爲日本的中古巴士所佔據，道路的混雜與曼谷並駕齊驅。

來到菲律賓以後，大家就可以看到即將報廢的日本製的巴士和卡車，在馬尼拉的幹線道路上撒下公害。出口時沒有零件的車子的壽命有限，在兩、三年內就要報廢。巴士、卡車的整修不完善，因此發生交通意外事故的機會當然更多，意外事故大部分都是這些巴士、卡車所造成的。

菲律賓的平民沒有辦法支付比日本貴一倍以上的金錢來購買新車，而相當於日本汽車稅的稅金納入一般會計中，因此並沒有用在整修道路上。由於日本政府面臨找不到中古車報廢場所的困境，因此，也默認這些即將報廢的中古車出口。

最近由於日幣升值，因此被視爲東南亞國家聯盟諸國中最後聖地的菲律賓，也聽到日本企業來此駐足的腳步聲了。羅慕斯政權積極導入外資，在菲律賓的日本人，對於日本企業的進駐覺得非常高興。但是，還是有必須要注意的事情，也就是美、日企業的經營理念的差距。

美國企業和日本企業相比，大都喜歡短期經營。但是，他們會按照計劃一步一步來進行，這一點日本相反。他們的想法可以說是基於百年大計而進行的。這一點不只是在菲律賓，美國企業在海外各地的計劃都是如此。

二十幾年前的馬可仕時代，美國的重電廠西屋公司，在呂宋島的巴丹半島建設核能發電廠。在建設發電廠的一年前，該公司在巴丹半島無人之地興建美國員工用的住宅。當然，日本企業也會這麼做，但是令人感到驚訝的是連員工子弟用的學校、來自美國的出差者用的飯店和超級市場、醫院、當地作業員用的住宅都建設好了，甚至還鋪設了馬尼拉＝巴丹半島之間的通信網。

所以，連當地的居民都可以看到馬尼拉市的電視節目。

當時的衛星地上局的使用只有馬尼市才有，利用這個微回路就能藉著電視迴路與當時的西屋總公司及工廠聯絡，大幅度減輕了該公司的計劃成本。

像核能發電這種大型計劃，必須由幾千家的轉包公司生產製品。當生產的製品不合適的時候，光靠總公司西屋公司的技術者是很難應付的。當時沒有傳眞機，因此必須將轉包公司的人全都聚集在總公司，利用電視影像傳送不良零件和不良部位，就能夠解決大部分的問題。日本企業會送回零件，或是將轉包公司派遣到當地去，因此浪費了許多計劃成本。

西屋在計劃完成時，將所有的設備都送給該地。這可以說是在海外進行計劃時的神髓。

此外，在沙烏地阿拉伯的首都利亞德，美國的貝庫提爾公司接下建設利亞德機場的訂單時，他們最初做的就是興建與機場建設沒有任何關係的高爾夫球場。這是為了建立現場作業員的環境而設計建設中的一環。

美國迪爾蒙迪公司在明達納爾島也興建了製造鳳梨的大型工廠，但是他最初在這兒興建的卻是高爾夫球場和學校。

但是，日本商社與當地企業組合成的工業集團，主要是以日本企業為對象，因此只是賣出了工業集團，並沒有建設從業員用的住宅或設施等環境。甚至有的企業以沒有多餘的閒錢來當成藉口，但是我認為日本的企業還是要多檢討才對。

例如，很多高爾夫球場一到週末假日就被日本人佔據。在星期六、日的上午，在球場上聽到的都是日本話。

曾經有一陣子，在球場中聽到「一流企業」的日本人發生爭執，令菲律賓人蹙眉。由於工廠關係者較多，因此開始打高爾夫球的人也很多，有時打完一局需要花六個多小時。

菲律賓人和其他外國人的打球者為了避開日本人，因此故意挪到下午再去打球。

日本企業熱衷於工廠中的品質管理以及從業員教育。但是，日本人經常被人指稱為「有教育，無教養」，對高爾夫球的禮節等教育，似乎毫不關心。

最近，有很多菲傭到香港去工作，在電梯內看到告示上寫著「狗和菲律賓人不可以進入電梯」，損傷了菲律賓人的國民自尊。但是，在菲律賓高爾夫球場的幹部會議中竟然有人提出「狗和日本人不可以進入高爾夫球場」的提議。這是一位出席幹部會議的幹部偷偷對我說的話。

現在競相進入菲律賓的日本企業，只是爲了日幣升值，爲了避開這股潮流而進駐菲律賓。等到日幣貶值之後，也許就好像潮水退去一樣，會撤退回日本吧！

像這一類進駐菲律賓的日本企業，大都只是注重當時的利益，缺乏長期的戰略。不過，我想日本企業至少應該興建一個讓我們這些日本人能夠在星期六、日打發時光的高爾夫球場吧！

如果只是隨波逐流的話，也許日本企業很快就會被東南亞國家聯盟排除在歡迎的名單之外了！

作者簡介　矢野成壽

一九三五年出生於日本的名古屋市。畢業於美國西維吉尼亞工業大學電氣工學科。

一九六一年進入東京芝浦電氣（現在的東芝公司）。從一九六七年開始到一九七四年為止，在東芝馬尼拉事務所工作。一九七八年到一九八〇年為止，到東京電氣工作。一九八三年十二月到一九九三年六月為止，擔任東芝馬尼拉事務所所長。

現任馬尼拉GROUND TOWER股份有限公司社長。進行在馬尼拉建設東方第一電視塔的計劃。著書包括『戰勝對手的戰略經理』、『營業店所寫的經理之書』。為日本經營分析協會會員。

大展出版社有限公司 圖書目錄

地址：台北市北投區11204
致遠一路二段12巷1號
郵撥： 0166955～1
電話：(02) 8236031
8236033
傳眞：(02) 8272069

• 法律專欄連載 • 電腦編號 58

台大法學院 法律學系／策劃
法律服務社／編著

①別讓您的權利睡著了[1]	200元
②別讓您的權利睡著了[2]	200元

• 秘傳占卜系列 • 電腦編號 14

①手相術	淺野八郎著	150元
②人相術	淺野八郎著	150元
③西洋占星術	淺野八郎著	150元
④中國神奇占卜	淺野八郎著	150元
⑤夢判斷	淺野八郎著	150元
⑥前世、來世占卜	淺野八郎著	150元
⑦法國式血型學	淺野八郎著	150元
⑧靈感、符咒學	淺野八郎著	150元
⑨紙牌占卜學	淺野八郎著	150元
⑩ＥＳＰ超能力占卜	淺野八郎著	150元
⑪猶太數的秘術	淺野八郎著	150元
⑫新心理測驗	淺野八郎著	160元
⑬塔羅牌預言秘法	淺野八郎著	200元

• 趣味心理講座 • 電腦編號 15

①性格測驗１	探索男與女	淺野八郎著	140元
②性格測驗２	透視人心奧秘	淺野八郎著	140元
③性格測驗３	發現陌生的自己	淺野八郎著	140元
④性格測驗４	發現你的真面目	淺野八郎著	140元
⑤性格測驗５	讓你們吃驚	淺野八郎著	140元
⑥性格測驗６	洞穿心理盲點	淺野八郎著	140元
⑦性格測驗７	探索對方心理	淺野八郎著	140元
⑧性格測驗８	由吃認識自己	淺野八郎著	160元

⑨性格測驗9	戀愛知多少	淺野八郎著	160元
⑩性格測驗10	由裝扮瞭解人心	淺野八郎著	160元
⑪性格測驗11	敲開內心玄機	淺野八郎著	140元
⑫性格測驗12	透視你的未來	淺野八郎著	160元
⑬血型與你的一生		淺野八郎著	160元
⑭趣味推理遊戲		淺野八郎著	160元
⑮行爲語言解析		淺野八郎著	160元

•婦幼天地•電腦編號16

①八萬人減肥成果	黃靜香譯	180元
②三分鐘減肥體操	楊鴻儒譯	150元
③窈窕淑女美髮秘訣	柯素娥譯	130元
④使妳更迷人	成　玉譯	130元
⑤女性的更年期	官舒妍編譯	160元
⑥胎內育兒法	李玉瓊編譯	150元
⑦早產兒袋鼠式護理	唐岱蘭譯	200元
⑧初次懷孕與生產	婦幼天地編譯組	180元
⑨初次育兒12個月	婦幼天地編譯組	180元
⑩斷乳食與幼兒食	婦幼天地編譯組	180元
⑪培養幼兒能力與性向	婦幼天地編譯組	180元
⑫培養幼兒創造力的玩具與遊戲	婦幼天地編譯組	180元
⑬幼兒的症狀與疾病	婦幼天地編譯組	180元
⑭腿部苗條健美法	婦幼天地編譯組	180元
⑮女性腰痛別忽視	婦幼天地編譯組	150元
⑯舒展身心體操術	李玉瓊編譯	130元
⑰三分鐘臉部體操	趙薇妮著	160元
⑱生動的笑容表情術	趙薇妮著	160元
⑲心曠神怡減肥法	川津祐介著	130元
⑳內衣使妳更美麗	陳玄茹譯	130元
㉑瑜伽美姿美容	黃靜香編著	180元
㉒高雅女性裝扮學	陳珮玲譯	180元
㉓蠶糞肌膚美顏法	坂梨秀子著	160元
㉔認識妳的身體	李玉瓊譯	160元
㉕產後恢復苗條體態	居理安•芙萊喬著	200元
㉖正確護髮美容法	山崎伊久江著	180元
㉗安琪拉美姿養生學	安琪拉蘭斯博瑞著	180元
㉘女體性醫學剖析	增田豐著	220元
㉙懷孕與生產剖析	岡部綾子著	180元
㉚斷奶後的健康育兒	東城百合子著	220元
㉛引出孩子幹勁的責罵藝術	多湖輝著	170元

㉜培養孩子獨立的藝術	多湖輝著	170元
㉝子宮肌瘤與卵巢囊腫	陳秀琳編著	180元
㉞下半身減肥法	納他夏・史達賓著	180元
㉟女性自然美容法	吳雅菁編著	180元
㊱再也不發胖	池園悅太郎著	170元
㊲生男生女控制術	中垣勝裕著	220元
㊳使妳的肌膚更亮麗	楊　皓編著	170元
㊴臉部輪廓變美	芝崎義夫著	180元
㊵斑點、皺紋自己治療	高須克彌著	180元
㊶面皰自己治療	伊藤雄康著	180元
㊷隨心所欲瘦身冥想法	原久子著	180元
㊸胎兒革命	鈴木丈織著	180元
㊹NS磁氣平衡法塑造窈窕奇蹟	古屋和江著	180元
㊺享瘦從腳開始	山田陽子著	180元
㊻小改變瘦４公斤	宮本裕子著	180元

・青 春 天 地・電腦編號17

①A血型與星座	柯素娥編譯	160元
②B血型與星座	柯素娥編譯	160元
③O血型與星座	柯素娥編譯	160元
④AB血型與星座	柯素娥編譯	120元
⑤青春期性教室	呂貴嵐編譯	130元
⑥事半功倍讀書法	王毅希編譯	150元
⑦難解數學破題	宋釗宜編譯	130元
⑧速算解題技巧	宋釗宜編譯	130元
⑨小論文寫作秘訣	林顯茂編譯	120元
⑪中學生野外遊戲	熊谷康編著	120元
⑫恐怖極短篇	柯素娥編譯	130元
⑬恐怖夜話	小毛驢編譯	130元
⑭恐怖幽默短篇	小毛驢編譯	120元
⑮黑色幽默短篇	小毛驢編譯	120元
⑯靈異怪談	小毛驢編譯	130元
⑰錯覺遊戲	小毛驢編譯	130元
⑱整人遊戲	小毛驢編著	150元
⑲有趣的超常識	柯素娥編譯	130元
⑳哦！原來如此	林慶旺編譯	130元
㉑趣味競賽100種	劉名揚編譯	120元
㉒數學謎題入門	宋釗宜編譯	150元
㉓數學謎題解析	宋釗宜編譯	150元
㉔透視男女心理	林慶旺編譯	120元

㉕少女情懷的自白	李桂蘭編譯	120元
㉖由兄弟姊妹看命運	李玉瓊編譯	130元
㉗趣味的科學魔術	林慶旺編譯	150元
㉘趣味的心理實驗室	李燕玲編譯	150元
㉙愛與性心理測驗	小毛驢編譯	130元
㉚刑案推理解謎	小毛驢編譯	130元
㉛偵探常識推理	小毛驢編譯	130元
㉜偵探常識解謎	小毛驢編譯	130元
㉝偵探推理遊戲	小毛驢編譯	130元
㉞趣味的超魔術	廖玉山編著	150元
㉟趣味的珍奇發明	柯素娥編著	150元
㊱登山用具與技巧	陳瑞菊編著	150元

•健 康 天 地•電腦編號 18

①壓力的預防與治療	柯素娥編譯	130元
②超科學氣的魔力	柯素娥編譯	130元
③尿療法治病的神奇	中尾良一著	130元
④鐵證如山的尿療法奇蹟	廖玉山譯	120元
⑤一日斷食健康法	葉慈容編譯	150元
⑥胃部強健法	陳炳崑譯	120元
⑦癌症早期檢查法	廖松濤譯	160元
⑧老人痴呆症防止法	柯素娥編譯	130元
⑨松葉汁健康飲料	陳麗芬編譯	130元
⑩揉肚臍健康法	永井秋夫著	150元
⑪過勞死、猝死的預防	卓秀貞編譯	130元
⑫高血壓治療與飲食	藤山順豐著	150元
⑬老人看護指南	柯素娥編譯	150元
⑭美容外科淺談	楊啟宏著	150元
⑮美容外科新境界	楊啟宏著	150元
⑯鹽是天然的醫生	西英司郎著	140元
⑰年輕十歲不是夢	梁瑞麟譯	200元
⑱茶料理治百病	桑野和民著	180元
⑲綠茶治病寶典	桑野和民著	150元
⑳杜仲茶養顏減肥法	西田博著	150元
㉑蜂膠驚人療效	瀨長良三郎著	180元
㉒蜂膠治百病	瀨長良三郎著	180元
㉓醫藥與生活	鄭炳全著	180元
㉔鈣長生寶典	落合敏著	180元
㉕大蒜長生寶典	木下繁太郎著	160元
㉖居家自我健康檢查	石川恭三著	160元

㉗永恒的健康人生	李秀鈴譯	200元
㉘大豆卵磷脂長生寶典	劉雪卿譯	150元
㉙芳香療法	梁艾琳譯	160元
㉚醋長生寶典	柯素娥譯	180元
㉛從星座透視健康	席拉・吉蒂斯著	180元
㉜愉悅自在保健學	野本二士夫著	160元
㉝裸睡健康法	丸山淳士等著	160元
㉞糖尿病預防與治療	藤田順豐著	180元
㉟維他命長生寶典	菅原明子著	180元
㊱維他命C新效果	鐘文訓編	150元
㊲手、腳病理按摩	堤芳朗著	160元
㊳AIDS瞭解與預防	彼得塔歇爾著	180元
㊴甲殼質殼聚糖健康法	沈永嘉譯	160元
㊵神經痛預防與治療	木下眞男著	160元
㊶室內身體鍛鍊法	陳炳崑編著	160元
㊷吃出健康藥膳	劉大器編著	180元
㊸自我指壓術	蘇燕謀編著	160元
㊹紅蘿蔔汁斷食療法	李玉瓊編著	150元
㊺洗心術健康秘法	竺翠萍編譯	170元
㊻枇杷葉健康療法	柯素娥編譯	180元
㊼抗衰血癒	楊啟宏著	180元
㊽與癌搏鬥記	逸見政孝著	180元
㊾冬蟲夏草長生寶典	高橋義博著	170元
㊿痔瘡・大腸疾病先端療法	宮島伸宜著	180元
51膠布治癒頑固慢性病	加瀨建造著	180元
52芝麻神奇健康法	小林貞作著	170元
53香煙能防止癡呆？	高田明和著	180元
54穀菜食治癌療法	佐藤成志著	180元
55貼藥健康法	松原英多著	180元
56克服癌症調和道呼吸法	帶津良一著	180元
57B型肝炎預防與治療	野村喜重郎著	180元
58青春永駐養生導引術	早島正雄著	180元
59改變呼吸法創造健康	原久子著	180元
60荷爾蒙平衡養生秘訣	出村博著	180元
61水美肌健康法	井戶勝富著	170元
62認識食物掌握健康	廖梅珠編著	170元
63痛風劇痛消除法	鈴木吉彥著	180元
64酸莖菌驚人療效	上田明彥著	180元
65大豆卵磷脂治現代病	神津健一著	200元
66時辰療法——危險時刻凌晨4時	呂建強等著	180元
67自然治癒力提升法	帶津良一著	180元

⑱巧妙的氣保健法	藤平墨子著	180元
⑲治癒C型肝炎	熊田博光著	180元
⑳肝臟病預防與治療	劉名揚編著	180元
㉑腰痛平衡療法	荒井政信著	180元
㉒根治多汗症、狐臭	稻葉益巳著	220元
㉓40歲以後的骨質疏鬆症	沈永嘉譯	180元
㉔認識中藥	松下一成著	180元
㉕認識氣的科學	佐佐木茂美著	180元
㉖我戰勝了癌症	安田伸著	180元
㉗斑點是身心的危險信號	中野進著	180元
㉘艾波拉病毒大震撼	玉川重德著	180元
㉙重新還我黑髮	桑名隆一郎著	180元
㉚身體節律與健康	林博史著	180元
㉛生薑治萬病	石原結實著	180元
㉜靈芝治百病	陳瑞東著	180元
㉝木炭驚人的威力	大槻彰著	200元
㉞認識活性氧	井土貴司著	180元
㉟深海鮫治百病	廖玉山編著	180元
㊱神奇的蜂王乳	井上丹治著	180元

・實用女性學講座・電腦編號 19

①解讀女性內心世界	島田一男著	150元
②塑造成熟的女性	島田一男著	150元
③女性整體裝扮學	黃靜香編著	180元
④女性應對禮儀	黃靜香編著	180元
⑤女性婚前必修	小野十傳著	200元
⑥徹底瞭解女人	田口二州著	180元
⑦拆穿女性謊言88招	島田一男著	200元
⑧解讀女人心	島田一男著	200元
⑨俘獲女性絕招	志賀貢著	200元

・校 園 系 列・電腦編號 20

①讀書集中術	多湖輝著	150元
②應考的訣竅	多湖輝著	150元
③輕鬆讀書贏得聯考	多湖輝著	150元
④讀書記憶秘訣	多湖輝著	150元
⑤視力恢復！超速讀術	江錦雲譯	180元
⑥讀書36計	黃柏松編著	180元
⑦驚人的速讀術	鐘文訓編著	170元

⑧學生課業輔導良方　多湖輝著　180元
⑨超速讀超記憶法　廖松濤編著　180元
⑩速算解題技巧　宋釗宜編著　200元
⑪看圖學英文　陳炳崑編著　200元

・實用心理學講座・電腦編號 21

①拆穿欺騙伎倆　多湖輝著　140元
②創造好構想　多湖輝著　140元
③面對面心理術　多湖輝著　160元
④偽裝心理術　多湖輝著　140元
⑤透視人性弱點　多湖輝著　140元
⑥自我表現術　多湖輝著　180元
⑦不可思議的人性心理　多湖輝著　180元
⑧催眠術入門　多湖輝著　150元
⑨責罵部屬的藝術　多湖輝著　150元
⑩精神力　多湖輝著　150元
⑪厚黑說服術　多湖輝著　150元
⑫集中力　多湖輝著　150元
⑬構想力　多湖輝著　150元
⑭深層心理術　多湖輝著　160元
⑮深層語言術　多湖輝著　160元
⑯深層說服術　多湖輝著　180元
⑰掌握潛在心理　多湖輝著　160元
⑱洞悉心理陷阱　多湖輝著　180元
⑲解讀金錢心理　多湖輝著　180元
⑳拆穿語言圈套　多湖輝著　180元
㉑語言的內心玄機　多湖輝著　180元
㉒積極力　多湖輝著　180元

・超現實心理講座・電腦編號 22

①超意識覺醒法　詹蔚芬編譯　130元
②護摩秘法與人生　劉名揚編譯　130元
③秘法！超級仙術入門　陸　明譯　150元
④給地球人的訊息　柯素娥編著　150元
⑤密教的神通力　劉名揚編著　130元
⑥神秘奇妙的世界　平川陽一著　180元
⑦地球文明的超革命　吳秋嬌譯　200元
⑧力量石的秘密　吳秋嬌譯　180元
⑨超能力的靈異世界　馬小莉譯　200元

⑩逃離地球毀滅的命運　吳秋嬌譯　200元
⑪宇宙與地球終結之謎　南山宏著　200元
⑫驚世奇功揭秘　傅起鳳著　200元
⑬啟發身心潛力心象訓練法　栗田昌裕著　180元
⑭仙道術遁甲法　高藤聰一郎著　220元
⑮神通力的秘密　中岡俊哉著　180元
⑯仙人成仙術　高藤聰一郎著　200元
⑰仙道符咒氣功法　高藤聰一郎著　220元
⑱仙道風水術尋龍法　高藤聰一郎著　200元
⑲仙道奇蹟超幻像　高藤聰一郎著　200元
⑳仙道鍊金術房中法　高藤聰一郎著　200元
㉑奇蹟超醫療治癒難病　深野一幸著　220元
㉒揭開月球的神秘力量　超科學研究會　180元
㉓西藏密教奧義　高藤聰一郎著　250元
㉔改變你的夢術入門　高藤聰一郎著　250元

・養 生 保 健・電腦編號 23

①醫療養生氣功　黃孝寬著　250元
②中國氣功圖譜　余功保著　230元
③少林醫療氣功精粹　井玉蘭著　250元
④龍形實用氣功　吳大才等著　220元
⑤魚戲增視強身氣功　宮　嬰著　220元
⑥嚴新氣功　前新培金著　250元
⑦道家玄牝氣功　張　章著　200元
⑧仙家秘傳袪病功　李遠國著　160元
⑨少林十大健身功　秦慶豐著　180元
⑩中國自控氣功　張明武著　250元
⑪醫療防癌氣功　黃孝寬著　250元
⑫醫療強身氣功　黃孝寬著　250元
⑬醫療點穴氣功　黃孝寬著　250元
⑭中國八卦如意功　趙維漢著　180元
⑮正宗馬禮堂養氣功　馬禮堂著　420元
⑯秘傳道家筋經內丹功　王慶餘著　280元
⑰三元開慧功　辛桂林著　250元
⑱防癌治癌新氣功　郭　林著　180元
⑲禪定與佛家氣功修煉　劉天君著　200元
⑳顛倒之術　梅自強著　360元
㉑簡明氣功辭典　吳家駿編　360元
㉒八卦三合功　張全亮著　230元
㉓朱砂掌健身養生功　楊　永著　250元

㉔抗老功 陳九鶴著 230元

・社會人智囊・電腦編號 24

①糾紛談判術 清水增三著 160元
②創造關鍵術 淺野八郎著 150元
③觀人術 淺野八郎著 180元
④應急詭辯術 廖英迪編著 160元
⑤天才家學習術 木原武一著 160元
⑥猫型狗式鑑人術 淺野八郎著 180元
⑦逆轉運掌握術 淺野八郎著 180元
⑧人際圓融術 澀谷昌三著 160元
⑨解讀人心術 淺野八郎著 180元
⑩與上司水乳交融術 秋元隆司著 180元
⑪男女心態定律 小田晉著 180元
⑫幽默說話術 林振輝編著 200元
⑬人能信賴幾分 淺野八郎著 180元
⑭我一定能成功 李玉瓊譯 180元
⑮獻給青年的嘉言 陳蒼杰譯 180元
⑯知人、知面、知其心 林振輝編著 180元
⑰塑造堅強的個性 坂上肇著 180元
⑱爲自己而活 佐藤綾子著 180元
⑲未來十年與愉快生活有約 船井幸雄著 180元
⑳超級銷售話術 杜秀卿譯 180元
㉑感性培育術 黃靜香編著 180元
㉒公司新鮮人的禮儀規範 蔡媛惠譯 180元
㉓傑出職員鍛鍊術 佐佐木正著 180元
㉔面談獲勝戰略 李芳黛譯 180元
㉕金玉良言撼人心 森純大著 180元
㉖男女幽默趣典 劉華亭編著 180元
㉗機智說話術 劉華亭編著 180元
㉘心理諮商室 柯素娥譯 180元
㉙如何在公司崢嶸頭角 佐佐木正著 180元
㉚機智應對術 李玉瓊編著 200元
㉛克服低潮良方 坂野雄二著 180元
㉜智慧型說話技巧 沈永嘉編著 180元
㉝記憶力、集中力增進術 廖松濤編著 180元
㉞女職員培育術 林慶旺編著 180元
㉟自我介紹與社交禮儀 柯素娥編著 180元
㊱積極生活創幸福 田中真澄著 180元
㊲妙點子超構想 多湖輝著 180元

·精 選 系 列·電腦編號 25

①毛澤東與鄧小平	渡邊利夫等著	280元
②中國大崩裂	江戶介雄著	180元
③台灣·亞洲奇蹟	上村幸治著	220元
④7-ELEVEN高盈收策略	國友隆一著	180元
⑤台灣獨立（新·中國日本戰爭一）	森　詠著	200元
⑥迷失中國的末路	江戶雄介著	220元
⑦2000年5月全世界毀滅	紫藤甲子男著	180元
⑧失去鄧小平的中國	小島朋之著	220元
⑨世界史爭議性異人傳	桐生操著	200元
⑩淨化心靈享人生	松濤弘道著	220元
⑪人生心情診斷	賴藤和寬著	220元
⑫中美大決戰	檜山良昭著	220元
⑬黃昏帝國美國	莊雯琳譯	220元
⑭兩岸衝突（新·中國日本戰爭二）	森　詠著	220元
⑮封鎖台灣（新·中國日本戰爭三）	森　詠著	220元
⑯中國分裂（新·中國日本戰爭四）	森　詠著	220元

·運 動 遊 戲·電腦編號 26

①雙人運動	李玉瓊譯	160元
②愉快的跳繩運動	廖玉山譯	180元
③運動會項目精選	王佑京譯	150元
④肋木運動	廖玉山譯	150元
⑤測力運動	王佑宗譯	150元

·休 閒 娛 樂·電腦編號 27

①海水魚飼養法	田中智浩著	300元
②金魚飼養法	曾雪玫譯	250元
③熱門海水魚	毛利匡明著	480元
④愛犬的教養與訓練	池田好雄著	250元
⑤狗教養與疾病	杉浦哲著	220元
⑥小動物養育技巧	三上昇著	300元

·銀髮族智慧學·電腦編號 28

①銀髮六十樂逍遙	多湖輝著	170元
②人生六十反年輕	多湖輝著	170元

③六十歲的決斷	多湖輝著	170元
④銀髮族健身指南	孫瑞台編著	250元

・飲 食 保 健・電腦編號 29

①自己製作健康茶	大海淳著	220元
②好吃、具藥效茶料理	德永睦子著	220元
③改善慢性病健康藥草茶	吳秋嬌譯	200元
④藥酒與健康果菜汁	成玉編著	250元
⑤家庭保健養生湯	馬汴梁編著	220元
⑥降低膽固醇的飲食	早川和志著	200元
⑦女性癌症的飲食	女子營養大學	280元
⑧痛風者的飲食	女子營養大學	280元
⑨貧血者的飲食	女子營養大學	280元
⑩高脂血症者的飲食	女子營養大學	280元

・家庭醫學保健・電腦編號 30

①女性醫學大全	雨森良彥著	380元
②初爲人父育兒寶典	小瀧周曹著	220元
③性活力強健法	相建華著	220元
④30歲以上的懷孕與生產	李芳黛編著	220元
⑤舒適的女性更年期	野末悅子著	200元
⑥夫妻前戲的技巧	笠井寬司著	200元
⑦病理足穴按摩	金慧明著	220元
⑧爸爸的更年期	河野孝旺著	200元
⑨橡皮帶健康法	山田晶著	180元
⑩33天健美減肥	相建華等著	180元
⑪男性健美入門	孫玉祿編著	180元
⑫強化肝臟秘訣	主婦の友社編	200元
⑬了解藥物副作用	張果馨譯	200元
⑭女性醫學小百科	松山榮吉著	200元
⑮左轉健康法	龜田修等著	200元
⑯實用天然藥物	鄭炳全編著	260元
⑰神秘無痛平衡療法	林宗駛著	180元
⑱膝蓋健康法	張果馨譯	180元
⑲針灸治百病	葛書翰著	250元
⑳異位性皮膚炎治癒法	吳秋嬌譯	220元
㉑禿髮白髮預防與治療	陳炳崑編著	180元
㉒埃及皇宮菜健康法	飯森薰著	200元
㉓肝臟病安心治療	上野幸久著	220元

㉔耳穴治百病	陳抗美等著	250元
㉕高效果指壓法	五十嵐康彥著	200元
㉖瘦水、胖水	鈴木園子著	200元
㉗手針新療法	朱振華著	200元
㉘香港腳預防與治療	劉小惠譯	200元
㉙智慧飲食吃出健康	柯富陽編著	200元
㉚牙齒保健法	廖玉山編著	200元

·超經營新智慧·電腦編號 31

①躍動的國家越南	林雅倩譯	250元
②甦醒的小龍菲律賓	林雅倩譯	220元

·心 靈 雅 集·電腦編號 00

①禪言佛語看人生	松濤弘道著	180元
②禪密教的奧秘	葉逯謙譯	120元
③觀音大法力	田口日勝著	120元
④觀音法力的大功德	田口日勝著	120元
⑤達摩禪106智慧	劉華亭編譯	220元
⑥有趣的佛教研究	葉逯謙編譯	170元
⑦夢的開運法	蕭京凌譯	130元
⑧禪學智慧	柯素娥編譯	130元
⑨女性佛教入門	許俐萍譯	110元
⑩佛像小百科	心靈雅集編譯組	130元
⑪佛教小百科趣談	心靈雅集編譯組	120元
⑫佛教小百科漫談	心靈雅集編譯組	150元
⑬佛教知識小百科	心靈雅集編譯組	150元
⑭佛學名言智慧	松濤弘道著	220元
⑮釋迦名言智慧	松濤弘道著	220元
⑯活人禪	平田精耕著	120元
⑰坐禪入門	柯素娥編譯	150元
⑱現代禪悟	柯素娥編譯	130元
⑲道元禪師語錄	心靈雅集編譯組	130元
⑳佛學經典指南	心靈雅集編譯組	130元
㉑何謂「生」　阿含經	心靈雅集編譯組	150元
㉒一切皆空　般若心經	心靈雅集編譯組	150元
㉓超越迷惘　法句經	心靈雅集編譯組	180元
㉔開拓宇宙觀　華嚴經	心靈雅集編譯組	180元
㉕真實之道　法華經	心靈雅集編譯組	130元
㉖自由自在　涅槃經	心靈雅集編譯組	130元

㉗沈默的教示　維摩經	心靈雅集編譯組	150元
㉘開通心眼　佛語佛戒	心靈雅集編譯組	130元
㉙揭秘寶庫　密教經典	心靈雅集編譯組	180元
㉚坐禪與養生	廖松濤譯	110元
㉛釋尊十戒	柯素娥編譯	120元
㉜佛法與神通	劉欣如編著	120元
㉝悟（正法眼藏的世界）	柯素娥編譯	120元
㉞只管打坐	劉欣如編著	120元
㉟喬答摩・佛陀傳	劉欣如編著	120元
㊱唐玄奘留學記	劉欣如編著	120元
㊲佛教的人生觀	劉欣如編譯	110元
㊳無門關（上卷）	心靈雅集編譯組	150元
㊴無門關（下卷）	心靈雅集編譯組	150元
㊵業的思想	劉欣如編著	130元
㊶佛法難學嗎	劉欣如著	140元
㊷佛法實用嗎	劉欣如著	140元
㊸佛法殊勝嗎	劉欣如著	140元
㊹因果報應法則	李常傳編	180元
㊺佛教醫學的奧秘	劉欣如編著	150元
㊻紅塵絕唱	海　若著	130元
㊼佛教生活風情	洪丕謨、姜玉珍著	220元
㊽行住坐臥有佛法	劉欣如著	160元
㊾起心動念是佛法	劉欣如著	160元
㊿四字禪語	曹洞宗青年會	200元
(51)妙法蓮華經	劉欣如編著	160元
(52)根本佛教與大乘佛教	葉作森編	180元
(53)大乘佛經	定方晟著	180元
(54)須彌山與極樂世界	定方晟著	180元
(55)阿闍世的悟道	定方晟著	180元
(56)金剛經的生活智慧	劉欣如著	180元

・經營管理・電腦編號01

◎創新經營管理六十六大計（精）	蔡弘文編	780元
①如何獲取生意情報	蘇燕謀譯	110元
②經濟常識問答	蘇燕謀譯	130元
④台灣商戰風雲錄	陳中雄著	120元
⑤推銷大王秘錄	原一平著	180元
⑥新創意・賺大錢	王家成譯	90元
⑦工廠管理新手法	琪　輝著	120元
⑨經營參謀	柯順隆譯	120元

⑩美國實業24小時	柯順隆譯	80元
⑪撼動人心的推銷法	原一平著	150元
⑫高竿經營法	蔡弘文編	120元
⑬如何掌握顧客	柯順隆譯	150元
⑰一流的管理	蔡弘文編	150元
⑱外國人看中韓經濟	劉華亭譯	150元
⑳突破商場人際學	林振輝編著	90元
㉒如何使女人打開錢包	林振輝編著	100元
㉔小公司經營策略	王嘉誠著	160元
㉕成功的會議技巧	鐘文訓編譯	100元
㉖新時代老闆學	黃柏松編著	100元
㉗如何創造商場智囊團	林振輝編譯	150元
㉘十分鐘推銷術	林振輝編譯	180元
㉙五分鐘育才	黃柏松編譯	100元
㉝自我經濟學	廖松濤編譯	100元
㉞一流的經營	陶田生編著	120元
㉟女性職員管理術	王昭國編譯	120元
㊱ＩＢＭ的人事管理	鐘文訓編譯	150元
㊲現代電腦常識	王昭國編譯	150元
㊳電腦管理的危機	鐘文訓編譯	120元
㊴如何發揮廣告效果	王昭國編譯	150元
㊵最新管理技巧	王昭國編譯	150元
㊶一流推銷術	廖松濤編譯	150元
㊷包裝與促銷技巧	王昭國編譯	130元
㊸企業王國指揮塔	松下幸之助著	120元
㊹企業精銳兵團	松下幸之助著	120元
㊺企業人事管理	松下幸之助著	100元
㊻華僑經商致富術	廖松濤編譯	130元
㊼豐田式銷售技巧	廖松濤編譯	180元
㊽如何掌握銷售技巧	王昭國編著	130元
㊿洞燭機先的經營	鐘文訓編譯	150元
㊾新世紀的服務業	鐘文訓編譯	100元
53成功的領導者	廖松濤編譯	120元
54女推銷員成功術	李玉瓊編譯	130元
55ＩＢＭ人才培育術	鐘文訓編譯	100元
56企業人自我突破法	黃琪輝編著	150元
58財富開發術	蔡弘文編著	130元
59成功的店舖設計	鐘文訓編著	150元
61企管回春法	蔡弘文編著	130元
62小企業經營指南	鐘文訓編譯	100元
63商場致勝名言	鐘文訓編譯	150元

⑭迎接商業新時代	廖松濤編譯	100元
⑯新手股票投資入門	何朝乾　編	200元
⑰上揚股與下跌股	何朝乾編譯	180元
⑱股票速成學	何朝乾編譯	200元
⑲理財與股票投資策略	黃俊豪編著	180元
⑳黃金投資策略	黃俊豪編著	180元
⑪厚黑管理學	廖松濤編譯	180元
⑫股市致勝格言	呂梅莎編譯	180元
⑬透視西武集團	林谷燁編譯	150元
⑯巡迴行銷術	陳蒼杰譯	150元
⑰推銷的魔術	王嘉誠譯	120元
⑱60秒指導部屬	周蓮芬編譯	150元
⑲精鋭女推銷員特訓	李玉瓊編譯	130元
⑳企劃、提案、報告圖表的技巧	鄭　汶　譯	180元
㉑海外不動產投資	許達守編譯	150元
㉒八百伴的世界策略	李玉瓊譯	150元
㉓服務業品質管理	吳宜芬譯	180元
㉔零庫存銷售	黃東謙編譯	150元
㉕三分鐘推銷管理	劉名揚編譯	150元
㉖推銷大王奮鬥史	原一平著	150元
㉗豐田汽車的生產管理	林谷燁編譯	150元

•成功寶庫•電腦編號02

①上班族交際術	江森滋著	100元
②拍馬屁訣竅	廖玉山編譯	110元
④聽話的藝術	歐陽輝編譯	110元
⑨求職轉業成功術	陳　義編著	110元
⑩上班族禮儀	廖玉山編著	120元
⑪接近心理學	李玉瓊編著	100元
⑫創造自信的新人生	廖松濤編著	120元
⑮神奇瞬間瞑想法	廖松濤編譯	100元
⑯人生成功之鑰	楊意苓編著	150元
⑲給企業人的諍言	鐘文訓編著	120元
⑳企業家自律訓練法	陳　義編譯	100元
㉑上班族妖怪學	廖松濤編著	100元
㉒猶太人縱橫世界的奇蹟	孟佑政編著	110元
㉕你是上班族中強者	嚴思圖編著	100元
㉚成功頓悟100則	蕭京凌編譯	130元
㉜知性幽默	李玉瓊編譯	130元
㉝熟記對方絕招	黃靜香編譯	100元

㊲察言觀色的技巧	劉華亭編著	180元
㊳一流領導力	施義彥編譯	120元
㊵30秒鐘推銷術	廖松濤編譯	150元
㊶猶太成功商法	周蓮芬編譯	120元
㊷尖端時代行銷策略	陳蒼杰編著	100元
㊸顧客管理學	廖松濤編著	100元
㊹如何使對方說Yes	程　羲編著	150元
㊼上班族口才學	楊鴻儒譯	120元
㊽上班族新鮮人須知	程　羲編著	120元
㊾如何左右逢源	程　羲編著	130元
㊿語言的心理戰	多湖輝著	130元
55性惡企業管理學	陳蒼杰譯	130元
56自我啟發200招	楊鴻儒編著	150元
57做個傑出女職員	劉名揚編著	130元
58靈活的集團營運術	楊鴻儒編著	120元
60個案研究活用法	楊鴻儒編著	130元
61企業教育訓練遊戲	楊鴻儒編著	120元
62管理者的智慧	程　義編譯	130元
63做個佼佼管理者	馬筱莉編譯	130元
67活用禪學於企業	柯素娥編譯	130元
69幽默詭辯術	廖玉山編譯	150元
70拿破崙智慧箴言	柯素娥編譯	130元
71自我培育・超越	蕭京凌編譯	150元
74時間即一切	沈永嘉編譯	130元
75自我脫胎換骨	柯素娥譯	150元
76贏在起跑點—人才培育鐵則	楊鴻儒編譯	150元
77做一枚活棋	李玉瓊編譯	130元
78面試成功戰略	柯素娥編譯	130元
81瞬間攻破心防法	廖玉山編譯	120元
82改變一生的名言	李玉瓊編譯	130元
83性格性向創前程	楊鴻儒編譯	130元
84訪問行銷新竅門	廖玉山編譯	150元
85無所不達的推銷話術	李玉瓊編譯	150元

・處 世 智 慧・電腦編號 03

①如何改變你自己	陸明編譯	120元
⑥靈感成功術	譚繼山編譯	80元
⑧扭轉一生的五分鐘	黃柏松編譯	100元
⑩現代人的詭計	林振輝譯	100元
⑫如何利用你的時間	蘇遠謀譯	80元

⑬口才必勝術	黃柏松編譯	120元
⑭女性的智慧	譚繼山編譯	90元
⑯人生的體驗	陸明編譯	80元
⑱幽默吹牛術	金子登著	90元
⑲攻心說服術	多湖輝著	100元
⑳當機立斷	陸明編譯	70元
㉒如何交朋友	安紀芳編著	70元
㉔慧心良言	亦　奇著	80元
㉕名家慧語	蔡逸鴻主編	90元
㉘如何發揮你的潛能	陸明編譯	90元
㉙女人身態語言學	李常傳譯	130元
㉚摸透女人心	張文志譯	90元
㉜給女人的悄悄話	妮倩編譯	90元
㉞如何開拓快樂人生	陸明編譯	90元
㊱成功的捷徑	鐘文訓譯	70元
㊲幽默逗笑術	林振輝著	120元
㊳活用血型讀書法	陳炳崑譯	80元
㊴心　燈	葉于模著	100元
㊵當心受騙	林顯茂譯	90元
㊶心・體・命運	蘇燕謀譯	70元
㊷如何使頭腦更敏銳	陸明編譯	70元
㊸宮本武藏五輪書金言錄	宮本武藏著	100元
㊼成熟的愛	林振輝譯	120元
㊽現代女性駕馭術	蔡德華著	90元
㊾禁忌遊戲	酒井潔著	90元
52摸透男人心	劉華亭編譯	80元
53如何達成願望	謝世輝著	90元
54創造奇蹟的「想念法」	謝世輝著	90元
55創造成功奇蹟	謝世輝著	90元
57幻想與成功	廖松濤譯	80元
58反派角色的啟示	廖松濤編譯	70元
59現代女性須知	劉華亭編著	75元
62如何突破內向	姜倩怡編譯	110元
64讀心術入門	王家成編譯	100元
65如何解除內心壓力	林美羽編著	110元
66取信於人的技巧	多湖輝著	110元
68自我能力的開拓	卓一凡編著	110元
70縱橫交涉術	嚴思圖編著	90元
71如何培養妳的魅力	劉文珊編著	90元
72魅力的力量	姜倩怡編著	90元
75個性膽怯者的成功術	廖松濤編譯	100元

⑯人性的光輝	文可式編著	90元
⑲培養靈敏頭腦秘訣	廖玉山編著	90元
⑳夜晚心理術	鄭秀美編譯	80元
㉑如何做個成熟的女性	李玉瓊編著	80元
㉒現代女性成功術	劉文珊編著	90元
㉓成功說話技巧	梁惠珠編譯	100元
㉔人生的真諦	鐘文訓編譯	100元
㉕妳是人見人愛的女孩	廖松濤編著	120元
㉗指尖・頭腦體操	蕭京凌編譯	90元
㉘電話應對禮儀	蕭京凌編著	120元
㉙自我表現的威力	廖松濤編譯	100元
㉚名人名語啟示錄	喬家楓編著	100元
㉛男與女的哲思	程鐘梅編譯	110元
㉜靈思慧語	牧　風著	110元
㉝心靈夜語	牧　風著	100元
㉞激盪腦力訓練	廖松濤編譯	100元
㉟三分鐘頭腦活性法	廖玉山編譯	110元
㊱星期一的智慧	廖玉山編譯	100元
㊲溝通說服術	賴文琇編譯	100元

・健康與美容・電腦編號 04

③媚酒傳（中國王朝秘酒）	陸明主編	120元
⑤中國回春健康術	蔡一藩著	100元
⑥奇蹟的斷食療法	蘇燕謀譯	130元
⑧健美食物法	陳炳崑譯	120元
⑨驚異的漢方療法	唐龍編著	90元
⑩不老強精食	唐龍編著	100元
⑫五分鐘跳繩健身法	蘇明達譯	100元
⑬睡眠健康法	王家成譯	80元
⑭你就是名醫	張芳明譯	90元
⑲釋迦長壽健康法	譚繼山譯	90元
⑳腳部按摩健康法	譚繼山譯	120元
㉑自律健康法	蘇明達譯	90元
㉓身心保健座右銘	張仁福著	160元
㉔腦中風家庭看護與運動治療	林振輝譯	100元
㉕秘傳醫學人相術	成玉主編	120元
㉖導引術入門(1)治療慢性病	成玉主編	110元
㉗導引術入門(2)健康・美容	成玉主編	110元
㉘導引術入門(3)身心健康法	成玉主編	110元
㉙妙用靈藥・蘆薈	李常傳譯	150元

㉚萬病回春百科	吳通華著	150元
㉛初次懷孕的10個月	成玉編譯	130元
㉜中國秘傳氣功治百病	陳炳崑編譯	130元
㉟仙人長生不老學	陸明編譯	100元
㊱釋迦秘傳米粒刺激法	鐘文訓譯	120元
㊲痔・治療與預防	陸明編譯	130元
㊳自我防身絕技	陳炳崑編譯	120元
㊴運動不足時疲勞消除法	廖松濤譯	110元
㊵三溫暖健康法	鐘文訓編譯	90元
㊸維他命與健康	鐘文訓譯	150元
㊺森林浴—綠的健康法	劉華亭編譯	80元
㊼導引術入門(4)酒浴健康法	成玉主編	90元
㊽導引術入門(5)不老回春法	成玉主編	90元
㊾山白竹（劍竹）健康法	鐘文訓譯	90元
㊿解救你的心臟	鐘文訓編譯	100元
52超人氣功法	陸明編譯	110元
54借力的奇蹟(1)	力拔山著	100元
55借力的奇蹟(2)	力拔山著	100元
56五分鐘小睡健康法	呂添發撰	120元
57禿髮、白髮預防與治療	陳炳崑撰	120元
59艾草健康法	張汝明編譯	90元
60一分鐘健康診斷	蕭京凌編譯	90元
61念術入門	黃静香編譯	90元
62念術健康法	黃静香編譯	90元
63健身回春法	梁惠珠編譯	100元
64姿勢養生法	黃秀娟編譯	90元
65仙人瞑想法	鐘文訓譯	120元
66人蔘的神效	林慶旺譯	100元
67奇穴治百病	吳通華著	120元
68中國傳統健康法	靳海東著	100元
71酵素健康法	楊　皓編譯	120元
73腰痛預防與治療	五味雅吉著	130元
74如何預防心臟病・腦中風	譚定長等著	100元
75少女的生理秘密	蕭京凌譯	120元
76頭部按摩與針灸	楊鴻儒譯	100元
77雙極療術入門	林聖道著	100元
78氣功自療法	梁景蓮著	120元
79大蒜健康法	李玉瓊編譯	100元
81健胸美容秘訣	黃靜香譯	120元
82鍺奇蹟療效	林宏儒譯	120元
83三分鐘健身運動	廖玉山譯	120元

㊹尿療法的奇蹟	廖玉山譯	120元
㊺神奇的聚積療法	廖玉山譯	120元
㊻預防運動傷害伸展體操	楊鴻儒編譯	120元
㊽五日就能改變你	柯素娥譯	110元
㊾三分鐘氣功健康法	陳美華譯	120元
91道家氣功術	早島正雄著	130元
92氣功減肥術	早島正雄著	120元
93超能力氣功法	柯素娥譯	130元
94氣的瞑想法	早島正雄著	120元

•家庭／生活• 電腦編號 05

①單身女郎生活經驗談	廖玉山編著	100元
②血型・人際關係	黃靜編著	120元
③血型・妻子	黃靜編著	110元
④血型・丈夫	廖玉山編譯	130元
⑤血型・升學考試	沈永嘉編譯	120元
⑥血型・臉型・愛情	鐘文訓編譯	120元
⑦現代社交須知	廖松濤編譯	100元
⑧簡易家庭按摩	鐘文訓編譯	150元
⑨圖解家庭看護	廖玉山編譯	120元
⑩生男育女隨心所欲	岡正基編著	160元
⑪家庭急救治療法	鐘文訓編著	100元
⑫新孕婦體操	林曉鐘譯	120元
⑬從食物改變個性	廖玉山編譯	100元
⑭藥草的自然療法	東城百合子著	200元
⑮糙米菜食與健康料理	東城百合子著	180元
⑯現代人的婚姻危機	黃　靜編著	90元
⑰親子遊戲　0歲	林慶旺編譯	100元
⑱親子遊戲　1～2歲	林慶旺編譯	110元
⑲親子遊戲　3歲	林慶旺編譯	100元
⑳女性醫學新知	林曉鐘編譯	180元
㉑媽媽與嬰兒	張汝明編譯	180元
㉒生活智慧百科	黃　靜編譯	100元
㉓手相・健康・你	林曉鐘編譯	120元
㉔菜食與健康	張汝明編譯	110元
㉕家庭素食料理	陳東達著	140元
㉖性能力活用秘法	米開・尼里著	150元
㉗兩性之間	林慶旺編譯	120元
㉘性感經穴健康法	蕭京凌編譯	150元
㉙幼兒推拿健康法	蕭京凌編譯	100元

㉚談中國料理	丁秀山編著	100元
㉛舌技入門	增田豐　著	160元
㉜預防癌症的飲食法	黃静香編譯	150元
㉝性與健康寶典	黃静香編譯	180元
㉞正確避孕法	蕭京凌編譯	180元
㉟吃的更漂亮美容食譜	楊萬里著	120元
㊱圖解交際舞速成	鐘文訓編譯	150元
㊲觀相導引術	沈永嘉譯	130元
㊳初為人母12個月	陳義譯	180元
㊴圖解麻將入門	顧安行編譯	160元
㊵麻將必勝秘訣	石利夫編譯	180元
㊶女性一生與漢方	蕭京凌編譯	100元
㊷家電的使用與修護	鐘文訓編譯	160元
㊸錯誤的家庭醫療法	鐘文訓編譯	100元
㊹簡易防身術	陳慧珍編譯	150元
㊺茶健康法	鐘文訓編譯	130元
㊻雞尾酒大全	劉雪卿譯	180元
㊼生活的藝術	沈永嘉編著	120元
㊽雜草雜果健康法	沈永嘉編著	120元
㊾如何選擇理想妻子	荒谷慈著	110元
㊿如何選擇理想丈夫	荒谷慈著	110元
51中國食與性的智慧	根本光人著	150元
52開運法話	陳宏男譯	100元
53禪語經典<上>	平田精耕著	150元
54禪語經典<下>	平田精耕著	150元
55手掌按摩健康法	鐘文訓譯	180元
56脚底按摩健康法	鐘文訓譯	180元
57仙道運氣健身法	李玉瓊譯	150元
58健心、健體呼吸法	蕭京凌譯	120元
59自彊術入門	蕭京凌譯	120元
60指技入門	增田豐著	160元
61下半身鍛鍊法	增田豐著	180元
62表象式學舞法	黃靜香編譯	180元
63圖解家庭瑜伽	鐘文訓譯	130元
64食物治療寶典	黃靜香編譯	130元
65智障兒保育入門	楊鴻儒譯	130元
66自閉兒童指導入門	楊鴻儒譯	180元
67乳癌發現與治療	黃靜香譯	130元
68盆栽培養與欣賞	廖啟新編譯	180元
69世界手語入門	蕭京凌編譯	180元
70賽馬必勝法	李錦雀編譯	200元

⑺中藥健康粥	蕭京凌編譯	120元
⑿健康食品指南	劉文珊編譯	130元
⒀健康長壽飲食法	鐘文訓編譯	150元
⒁夜生活規則	增田豐著	160元
⒂自製家庭食品	鐘文訓編譯	200元
⒃仙道帝王招財術	廖玉山譯	130元
⒄「氣」的蓄財術	劉名揚譯	130元
⒅佛教健康法入門	劉名揚譯	130元
⒆男女健康醫學	郭汝蘭譯	150元
⒇成功的果樹培育法	張煌編譯	130元
㉛實用家庭菜園	孔翔儀編譯	130元
㉜氣與中國飲食法	柯素娥編譯	130元
㉝世界生活趣譚	林其英著	160元
㉞胎教二八〇天	鄭淑美譯	220元
㉟酒自己動手釀	柯素娥編著	160元
㊱自己動「手」健康法	劉雪卿譯	160元
㊲香味活用法	森田洋子著	160元
㊳寰宇趣聞搜奇	林其英著	200元
㊴手指回旋健康法	栗田昌裕著	200元
㊵家庭巧妙收藏	蘇秀玉譯	200元
㊶餐桌禮儀入門	風間璋子著	200元
㊷住宅設計要訣	吉田春美著	200元

•命理與預言•電腦編號06

①星座算命術	張文志譯	120元
②中國式面相學入門	蕭京凌編著	180元
③圖解命運學	陸明編著	200元
④中國秘傳面相術	陳炳崑編著	110元
⑤13星座占星術	馬克•矢崎著	200元
⑥命名彙典	水雲居士編著	180元
⑦簡明紫微斗術命運學	唐龍編著	220元
⑧住宅風水吉凶判斷法	琪輝編譯	180元
⑨鬼谷算命秘術	鬼谷子著	200元
⑩密教開運咒法	中岡俊哉著	250元
⑪女性星魂術	岩滿羅門著	200元
⑫簡明四柱推命學	李常傳編譯	150元
⑬手相鑑定奧秘	高山東明著	200元
⑭簡易精確手相	高山東明著	200元
⑮13星座戀愛占卜	彤雲編譯組	200元
⑯女巫的咒法	柯素娥譯	230元

⑰六星命運占卜學	馬文莉編著	230元
⑱樸克牌占卜入門	王家成譯	100元
⑲A血型與十二生肖	鄒雲英編譯	90元
⑳B血型與十二生肖	鄒雲英編譯	90元
㉑O血型與十二生肖	鄒雲英編譯	100元
㉒AB血型與十二生肖	鄒雲英編譯	90元
㉓筆跡占卜學	周子敬著	220元
㉔神秘消失的人類	林達中譯	80元
㉕世界之謎與怪談	陳炳崑譯	80元
㉖符咒術入門	柳玉山人編	150元
㉗神奇的白符咒	柳玉山人編	160元
㉘神奇的紫符咒	柳玉山人編	200元
㉙秘咒魔法開運術	吳慧鈴編譯	180元
㉚諾米空秘咒法	馬克・矢崎著	220元
㉛改變命運的手相術	鐘文訓編著	120元
㉜黃帝手相占術	鮑黎明著	230元
㉝惡魔的咒法	杜美芳譯	230元
㉞脚相開運術	王瑞禎譯	130元
㉟面相開運術	許麗玲譯	150元
㊱房屋風水與運勢	邱震睿編譯	160元
㊲商店風水與運勢	邱震睿編譯	200元
㊳諸葛流天文遁甲	巫立華譯	150元
㊴聖帝五龍占術	廖玉山譯	180元
㊵萬能神算	張助馨編著	120元
㊶神秘的前世占卜	劉名揚譯	150元
㊷諸葛流奇門遁甲	巫立華譯	150元
㊸諸葛流四柱推命	巫立華譯	180元
㊹室內擺設創好運	小林祥晃著	200元
㊺室內裝潢開運法	小林祥晃著	230元
㊻新・大開運吉方位	小林祥晃著	200元
㊼風水的奧義	小林祥晃著	200元
㊽開運風水收藏術	小林祥晃著	200元
㊾商場開運風水術	小林祥晃著	200元
㊿骰子開運易占	立野清隆著	250元
(51)四柱推命愛情運	李芳黛譯	220元
(52)風水開運飲食法	小林祥晃著	200元

•教養特輯•電腦編號07

①管教子女絕招	多湖輝著	70元
⑤如何教育幼兒	林振輝譯	80元

國家圖書館出版品預行編目資料

甦醒的小龍　菲律賓/矢野成壽著；林雅倩譯
——初版，——臺北市，大展，民86
面；21公分，——（超經營新智慧；2）
譯自：よみがぇる昇龍フィリピン
ISBN 957-557-790-6（平裝）
1.企業－菲律賓 2.菲律賓－政府與政治
574.391　86016282

Shigetoshi Yano YOMIGAERU SHORYU PHILIPPINES

Originally published in Japan by TOYO KEIZAI INC., Tokyo
Chinese translation rights arranged through
Orion Literary Agency and Keio Cultural Enterprise Co., Ltd.
版權仲介/京王文化事業有限公司

甦醒的小龍　菲律賓　ISBN 957-557-790-6

原著者/矢野成壽
編譯者/林雅倩
發行人/蔡森明
出版者/大展出版社有限公司
社址/台北市北投區（石牌）致遠一路2段12巷1號
電話/（02）28236031・28236033
傳真/（02）28272069
郵政劃撥/0166955-1
登記證/局版臺業字第2171號
承印者/國順圖書印刷公司
裝訂/嶸興裝訂有限公司
排版者/弘益電腦排版有限公司
電話/（02）27403609・27112792
初版1刷/1997年（民86年）12月

定價/220元

大展好書 好書大展

大展好書 好書大展